말솜씨가
훌륭하지
않아도

매력적인 질문으로 상대방이 말하게 하라

말솜씨가 훌륭하지 않아도

와타세 겐 지음 | 이윤경 옮김

질문은 내성적인 사람에게 무기가 된다!

"말재주가 있는 사람이 되고 싶어……."

"시선공포증을 고칠 순 없을까……."

"낯가리기 싫은데……."

"그녀에게 멋있게 고백하고 싶어……."

"발표할 때 떨지 않을 순 없을까……."

과거에 나를 괴롭힌 고민거리다. 철들 무렵부터 **나는 극심한 시선공포증**에 시달렸다. 사람들 앞에서 발언할 때마다 극도로 긴장해 제대로 말을 못했다. 당연히 수업 시간에도 자진해서 손을 든 적이 없다. 눈에 띄는 게 싫어 늘 몸을 사렸다. 그러나 한편으로는 이렇게 생각했다.

"어른이 되면 저절로 말재주가 있는 사람이 되겠지."

"언젠가는 사람들 앞에서도 떨지 않고 말할 날이 올 거야."

"대화 때문에 고민할 일은 없어지겠지."

하지만 완벽한 착각이었다. 사회인이 되어 영업을 시작한 후에도 시선공포증은 낫지 않았다. 고객을 만나면 긴장하기 일쑤였고, 무슨 말을 해야 할지 몰라 진땀을 흘리곤 했다. 쉽게 변하지 않는 성격 탓에 고민이 많았다.

· 처음 만난 자리에서 무슨 말을 해야 할지 모르겠다.
· 엉뚱한 질문을 해서 분위기를 어색하게 만든다.
· 회식이나 파티에서 늘 고립된다.
· 이야기할 때 너무 신경을 쏟아서 피곤해진다.
· 여러 번 만난 사람과도 좀처럼 가까워지지 못한다.
· 질문 있느냐는 말을 들으면 머릿속이 하얘진다.
· 많은 사람 앞에 서면 심하게 긴장해서 말이 안 나온다.

이런 나 자신을 바꾸고 싶은 마음에 심리며 화법 등을 다룬 다방면의 책을 섭렵했다. 그러나 책을 읽는 순간만큼은 무릎을 치며 납득했지만 낯가림이 천성인지 좀처럼 고쳐지지 않았다. 막상 고객 앞에 서면 여전히 말이 잘 나오지 않았다.

내성적인 성격 그대로 영업 왕이 되다!

몇 년 후 나는 리크루트*로 이직했다. 리쿠르트 하면 사교적인 분위기나 체육대회가 연상될 것이다. 실제로도 그렇다.

나는 그런 사람들 틈에서 국내 최고 실적을 자랑하는 영업 왕이 되었다. 심지어 내성적인 성격 그대로 말이다. 내가 활용한 방법은 바로 '질문'이었다.

질문을 활용했다고는 하지만 임시방편적 수법은 아니다. **말주변이 없는 사람이라도 최소한의 말로 상대의 이야기를 이끌어내 대화가 활발해지는 근본적인 방법이다.**

과거에 나도 그랬고 말주변이 없는 사람은 이렇게 생각하는 경향이 있다.

"재미있는 이야기를 못해서 틀렸어."

"힘찬 목소리로 또박또박 말하지 못해서 날 싫어하는 거야."

그 결과 개그맨이나 아나운서를 본받아 고도의 화술을 익혀야 한다고 여긴다.

하지만 이것 역시 큰 오해다.

---

* 1963년에 설립된 일본의 취업정보 회사. 산하에 다수의 자회사를 두고 있으며, 각종 분야에서 인재 서비스와 판촉 서비스를 제공하고 있다.

'말 잘하는 사람'보다 '말하기 편한 사람'이 돼라

모두가 '재미있는 이야기'를 환영하지는 않는다. 이런 경험 있지 않은가. 말도 잘하고 사교적인 사람인데, 그 사람과 대화를 나누다가 문득 피곤함을 느낀 적 말이다. 그렇다면 당신이 일방적으로 듣기만 해서 그랬을지 모른다.

아무리 재미있는 이야기라 해도 일방적으로 듣기만 하는데 즐거울 리가 없다. 사람은 누구나 할 이야기가 있기 마련이고, 자신의 이야기를 잘 들어주는 사람에게 편안함을 느낀다.

영업사원이 너무 청산유수로 말해도 믿음직스럽지 못하다는 인상을 줄 수 있다. 오히려 다소 말주변이 부족해도 '이야기를 잘 들어주는 사람', 그래서 '말하기 편한 사람'이 고객에게 신뢰감을 주고 영업실적이 높은 경우가 많다.

이들이 활용하는 것이 바로 '좋은 질문'이다. 약간의 요령만 터득하면 그만큼 인간관계에서 득을 볼 수 있다. 특히 **내성적이고 말주변이 없는 사람일수록 말하기보다 듣기를 잘하는 경우가 많아 터득하기가 유리하다.**

그러니 달변가가 되려고 무리할 것 없다. '좋은 질문하는 법'만 터득하면 주위의 시선이 점점 달라지는 것을 느끼게 될 것이다.

바로 이것이 내가 영업 왕이 되고 인생이 달라진 비결이다.

"그게 그렇게 금방 되겠어?" 하고 의심할 수도 있겠다. 하지만 걱정은 접어두기 바란다. 나도 '질문을 못하는' 트라우마로 고민한 경험이 있으니. 때는 초등학교로 거슬러 올라간다.

질문이 두려웠던 나의 과거

수업이 끝나면 늘 선생님에게 달려가 질문하는 학생을 본 적 있는가. 내성적인 나는 그럴 용기가 없었다. 감히 선생님에게 말을 걸고 질문을 하다니, 너무 황송해서 도저히 엄두가 나지 않았다. 하지만 학생의 질문에 흔쾌히 대답해주는 선생님을 보자니 약간 부럽기도 했다.

'나도 선생님하고 저렇게 이야기해보고 싶다.'

그러나 이런 속마음에도 끝내 말을 걸지 못하는 내가 늘 한심스러웠다.

그러던 어느 날, 수업 시간이 끝난 뒤 선생님이 학급 전체에 물었다.

"혹시 질문 있나요?"

아무도 손을 들지 않았다. 나도 남의 일인 양 흘려듣고 있었다. 평소처럼 고개를 숙인 채 행여나 선생님과 눈이 마주칠까 노심초사했다.

그런데 선생님이 느닷없이 나를 호명하는 게 아닌가.

"그럼, 와타세 군."

교과서를 덮고 있던 나는 깜짝 놀라 자리에서 일어났다.

"와타세 군, 아무거나 괜찮으니 질문해주세요."

"질문이요? ……!"

방심하고 있던 나를 별안간 지목하더니 질문까지 시킨 것이다. 얼굴이 새빨갛게 달아오른 나는 공책을 한 장씩 넘기며 질문거리를 찾기 시작했다.

'뭔가 질문해야 하는데, 아무 생각도 안 나…….'

초조함에 이제는 얼굴이 새하얗게 질려갔다.

선생님은 오랫동안 질문을 못하는 내게 자리에 앉으라고 하고는 수업을 마쳤다. 자리에 앉은 나는 창피하기도 했지만, 선생님의 요구에 제대로 응하지 못했다는 후회가 밀려와 견딜 수 없었다.

지금 이 책을 읽고 있는 당신도 비슷한 경험이 있지 않을까?

· 질문을 못하는 내가 한심하다.

· 무엇을 물어야 할지 몰라 늘 고민한다.

· 질문 자체가 트라우마다.

· 내 말을 비웃지 않을까, 걱정된다.

· 내가 그렇지 뭐, 하고 자조한다.

이런 자신을 어떻게든 바꾸고 싶다면 이 책에서 소개하는 방법이 분명 도움이 될 것이다. 지독한 소통 장애였던 나조차 질문을 잘하게 되었으니 틀림없다.

질문 하나로 주목받는 인재 되는 법

이 책은 '질문 잘하는 비결'을 구체적이고 실용적으로 소개한다. 또한 유형별로 상세하게 소개하고 있으니 자신에게 필요한 유형을 참고로 실천해보자.

질문을 잘하게 되면 수치심과 자기혐오에서 해방되는 것은 물론, 누구를 만나도 소통에 어려움을 겪지 않는다. 그 결과 업무를 비롯해 사적인 자리에서도 큰 효과를 볼 수 있다.

· 대하기 어려운 사람과의 소통이 쉬워진다.

· 싫은 상사와의 대화가 원활해진다.

· 화술로 이성에게 매력을 어필한다.

· 손윗사람과도 즐겁게 대화할 수 있다.

· 많은 사람 앞에서도 편안하게 이야기할 수 있다.

이렇듯 질문의 효과는 실로 놀랍다.

말주변이 없는 데다 시선공포증이 있고 낯을 가리던 나조차 성공한 질문법, 이제 여러분이 터득할 차례다.

와타세 겐

차례

2장 / 좋은 질문을 하는 단 하나의 비결

3장 / 질문력이 단숨에 느는 9가지 법칙

4장 / 어떤 상황도 질문으로 돌파하라

5장 / 적극적 질문으로 한 단계 위를 노려라

1장

질문 못하는 사람은
평생 손해 본다

좋은 인상을 남기고 싶은데
무슨 말을 꺼내야 할지 모르겠어요

요령이 없는 사람은 이야깃거리를 못 찾는다

어색한 사람과 단 둘이 남겨지는 상황은 웬만하면 피하는 게 상책이다. 그런데 살다 보면 비즈니스 현장은 물론 일상생활에서도 이런 상황을 도저히 피할 수 없을 때가 있다.

비즈니스의 경우를 예로 들어보자. 상사와 함께하는 출장길, 기차를 타게 되면 보통은 옆자리에 나란히 앉는다.

A씨는 평소 말도 제대로 주고받은 적이 없는 상사와 지방 출장을 가게 되었다. 원래는 혼자 다녀올 예정이었으나, 일이 커질 것을 짐작한 상사가 함께 가겠다고 나섰다. 게다가 지정석으로 두 장 구해놓으라는 지시가 떨어져 꼼짝없이 옆자리에 앉게 되었다.

기차에서 옆자리에 앉는다는 것은 한 방에 둘만 있는 상황과 비슷하다. **상사와 몇 시간이나 함께 있어야 하다니, 그야말로 지옥이다.** 대화를 나누기가 불편하다고 해서 헤드폰으로 음악을 듣거나 책을 보는 것은 누가 봐도 부자연스럽다. 어쨌거나 조금이라도 대화하는 게 좋다.

"저어, 부장님은 창가 쪽이 좋으시겠지요."

"아닐세, 이쪽이 좋아."

"그러시군요. 참, 마실 거라도 좀 사올까요?"

"이동판매가 올 테니 그럴 거 없네."

"알겠습니다."

"……."

애써 이야깃거리를 찾고 있지만, **좀처럼 대화가 이어지지 않는다.** 이럴 때는 어떤 이야기를 해야 할까? 이것이 A씨의 평소 고민이었다.

결국 서먹서먹한 분위기에서 아무 시도도 못 한 채 빨리 도착하기만을 기다리다가 시간이 흘렀다.

가는 내내 심하게 긴장한 탓에 도착할 무렵에는 이미 녹초가 되어 있었다. 그 후 중요한 회의에서도 맥을 못 쓴 A씨는 당연히 상사에게 더 나쁜 인상만 안기고 말았다.

하루 만에 특별한 존재가 되는 법

그로부터 몇 달이 지나 또다시 같은 곳에 출장을 가게 되었다. 심지어 그때 그 상사와 단 둘이서 말이다. 사실 이전 출장 이후로 그 상사와는 그나마도 없던 대화가 완전히 사라졌다. 아무래도 A씨가 미운 털이 박힌 모양이다.

다소 긴장한 채 출장 당일을 맞이했다. 그런데 이번에는 기차에 올라 지정된 좌석에 앉았을 때 **A씨가 이런 질문으로 대화를 시작했다.**

"부장님은 이 회사에 들어오신 후 쭉 영업만 하셨습니까?"

"그렇진 않아, 입사 당시엔 영업직이 아니었거든."

"그러셨군요. 처음에는 어떤 일을 하셨나요?"

"개발 부문이었어."

"네? 그럼 기술 계열이셨군요."

"실은 그렇다네."

"의외네요."

이렇게 대화를 계속하다 보니 순식간에 목적지에 도착했다. A씨가 질문하면 부장이 대답하고, 그 대답을 듣고 다시 질문하는 식이었다. 이런 방식을 되풀이했을 뿐인데도 대화가 끊임없이 이어졌다. 저번처럼 이야깃거리를 못 찾아 피곤한 일도 없었고, 어려운 상사와도 자연스러운 대화가 가능했다.

사실 A씨는 지난번 실패를 토대로 이번에 어떻게 대화할지 미리 대책을 세워두었다. 바로 '**과거에 대한 질문**'을 활용한 것**이었는데,** 이 방법이 성공한 것이다. 구체적인 방법에 대해서는 다음 장에서 설명하겠다.

게다가 **이야기를 나눌수록 상사의 기분이 점점 좋아지는 게 보였다.** 역시 질문의 효과다. 덕분에 출장지에 가서도 일이 잘 풀렸다.

이튿날 출근한 A씨는 분위기가 달라졌음을 감지했다. 상사의 태도가 부드러워진 것이다. 출장 전에는 어딘가 껄끄럽고 A씨를 피하는 느낌이었는데, 이날은 상사가 먼저 말을 건네왔다. 일에 대해 의논하고 싶다면서 말이다. 여태껏 한 번도 경험해보지 못한 일이었다. 질문하는 요령을 터득한 덕에 상사의 평가도 좋아졌다.

가까워지고 싶은데
말 걸기가 부담스러워요

요령이 없는 사람은 주의를 줄 때만 말을 건다

사내에서 말 걸기 어려운 상대는 상사뿐만이 아니다. 부하 직원 중에도 편하게 말 걸기 어려운 유형이 있다.

B씨의 부하 직원은 늘 누구와도 얘기하지 않고 묵묵히 일만 하는 조용한 사람이다. 문제는, 상사에게 상의나 보고도 하지 않고 혼자서 일을 진행할 때가 많아 이따금 어처구니없는 실수를 저지르곤 한다는 것이다. 그러지 말라고 주의를 주어도 듣기만 할 뿐 대답이나 행동이 돌아오지 않는다. 아무래도 타고난 성격인 듯하다.

하지만 이래서는 같이 일하기가 힘들다. 그래서 **대화를 나누고 소통하고 싶지만 잘 풀리지 않는다.**

결과적으로 B씨가 부하 직원에게 말을 거는 경우는 일방적으로 주의를 줄 때뿐이었다.

"자네, 잠깐 시간 괜찮나?"

B씨는 언제나처럼 묵묵히 일하고 있는 부하 직원을 불러냈다.

"전에도 말한 것 같은데 말이야, 파일을 꺼냈으면 원래 자리에 되돌려놔야지. 오늘도 계속 이 파일만 찾다가 오전 시간을 허비했잖은가. 아무리 찾아도 안 보였는데 자네 책상에 놓여있더군. 이제 이 파일, 필요 없지? 그럼 곧장 돌려놓게. 안 그러면 다른 사람한테 민폐잖아."

부하 직원은 고개를 숙인 채 말이 없다.

그러자 B씨는 그가 아직 이해를 못했구나 싶어 다시 훈계를 늘어놓았다. 입을 여는 사람은 B씨뿐이다. 부하 직원의 표정은 점차 굳어간다. 보다시피 **이런 방식으로는 소통은커녕 대화도 안 된다.**

'참 다루기 어려운 직원이구먼. 내가 이렇게 열심히 이야기하는데 들은 척도 안 하다니. 의사소통이 안 되는 건 다 이 녀석 때문이야.'

B씨는 이렇게 생각했다. 하지만 실상은 달랐다. 문제는 B씨가 다가가는 방식에 있었다.

아랫사람과 가까워지는 '듣기' 중심 소통

원래 말수가 적었지만, **그런 부하 직원의 말문을 아예 막아 버린 사람은 B씨였다.** B씨는 이 사실을 깨닫고 부하 직원을 달리 대하기 시작했다.

"참, 요전에 자네가 작성한 자료 말이야, 부장님이 잘했다고 칭찬하시더군."

"어제도 막차 탔다고? 열심히 하는 것도 좋지만, 너무 무리하진 말게."

"이제 보니 글씨를 제법 잘 쓰는데, 배운 적 있나?"

평소 이렇게 칭찬하고 인정하는 말을 자주 건넸다. 좋은 점은 제대로 평가해줘야 한다. 이전에는 칭찬은 안 하고 결점만 찾아 나무라곤 했다. 아무래도 상사 입장에서는 실수와 결점에 더 눈이 가기 마련이다. 하지만 잔소리만 듣는데 좋아할 사람은 없다.

그런 다음 이렇게 질문했다.

"그건 그렇고, 자료에 대해 뭐 좀 물어봐도 되겠나?"

"네."

"여기까지는 흐름이 괜찮은데, 요 부분만 좀 어색해서 말이야. 자네 생각은 어떤가?"

"이 부분 말입니까……?" (잠시 침묵)

"……." (말없이 대답을 기다린다)

"사실 저도 약간 걸리긴 했는데……. 이 부분은 흐름보다 내용이 중요한 것 같아서 이렇게 했습니다."

"그랬군. 하긴 중요한 내용이긴 하지. 알겠네. 그냥 이렇게 가자고."

"감사합니다."

"제대로 생각하면서 일하고 있는 것 같아 안심이네."

"죄송합니다. 제가 너무 말수가 없지요."

이번에는 대화가 원만하게 이루어졌다. 어째서일까?

여기서 B씨는 '명분을 주는 질문'을 활용했다. 즉, 말수가 적은 직원이 입을 열 만한 질문을 던진 것이다. 그리고 의도적으로 침묵을 지키며 상대가 말할 때까지 기다렸다. 지금까지는 부하 직원이 대답하기도 전에 일방적으로 말하는 식이었다. 그래서는 대화가 되지 않는다.

말수가 없는 부하 직원에게는 **한마디라도 더 말을 시킬 방법을 궁리하는 게 중요하다.** 이때 부하 직원의 말 '듣기'에 중점을 두고 소통해야 한다. 구체적인 요령은 뒤에서 차근차근 설명하겠다.

신뢰를 얻고 싶은데
잡담을 못하겠어요

요령이 없는 사람은 본론부터 설명한다

입사 1년 차인 C군은 오늘 향후 업무 진행방안 협의차 고객
사를 방문했다. 전에 상사를 따라 몇 번 와보긴 했지만, 혼자
방문한 것은 이번이 처음이다.

이 고객은 상사와는 스스럼없이 잡담을 나누는 사이지만, 성
격이 상당히 까다롭고 호불호가 강하기로 유명했다. 출발 전
제발 실수만은 하지 말아달라고, 상사는 신신당부했다.

그런 사람과 일대일로 이야기가 잘될까? C군은 잔뜩 긴장한
상태로 그를 만나러 갔다.

"저어, 오늘 잘 부탁드립니다."

C군은 기어들어가는 목소리로 인사했다. **원래 시선공포증이**

있는 터라 벌써부터 이마에 땀이 맺혔다.

"그래, 잘 부탁하네."

"……." (무슨 말이라도 해야 하는데)

"……."

돌연 침묵이 흘렀다. 상사가 하듯이 가볍게 잡담을 나누고 싶은데, **어떻게 말문을 터야 할지 알 수가 없다.** 고객도 말을 꺼내기를 기다리는 눈치다.

"그럼 바쁘실 테니 바로 본론으로 들어가겠습니다."

"……."

"이 자료를 봐주십시오."

이후 C군 혼자만 말하는 상황이 되었다. 간간이 힐끔거리며 고객의 눈치를 살폈지만, 무표정이어서 잘 듣고 있는지 짐작할 수 없었다. 그렇다고 멈출 수도 없는 노릇이라 어쩔 수 없이 일 방적으로 계속 이야기했다.

"…… 대략 이렇습니다만, 어떻게 생각하십니까?"

"음, 검토해보지, 뭐."

"그럼 잘 부탁드립니다."

미팅은 그렇게 끝났다.

그날 저녁, 그 고객이 상사에게 항의 전화를 걸었다. 담당을 바꿔달라는 내용이었다. C군이 상사에게 혼났음은 말할 것도 없다.

잡담의 요령을 터득해 상대의 마음까지 사로잡는 법

그로부터 반년이 지나 C군에게 만회할 기회가 찾아왔다. 그 고객을 담당하던 상사에게 급한 일이 생겨 그를 대신해 찾아가게 된 것이다.

"오랜만에 뵙습니다."

"이런, 자넨가."

고객을 보니 실망한 기색이 역력했다. 하지만 C군에게는 그때와 달리 비책이 있었다.

"요전에는 실례가 많았습니다. 오랜만에 이쪽에 왔는데요, 이 앞에 늘어선 가로수가 벚나무던가요?"

"그래, 봄이면 거리가 온통 화사해진다고."

"그때 꼭 다시 찾아뵙고 싶습니다."

"한 번쯤 볼 만하지."

전에 비하면 확실히 대화가 잘 풀린다. C군이 지난 실패를 교훈 삼아 잡담의 소재를 발견하는 질문법을 터득했기 때문이다. **잡담에 능숙해지면 긴장을 하지 않게 되어 대화가 자연스럽게 이어진다.** 뿐만 아니라 마음의 여유가 생기므로 당당하고 차분한 자세로 영업할 수 있다.

그가 활용한 '관찰의 질문'은 뒤에서 설명하겠다. 여기서는 늘 긴장하는 탓에 말을 제대로 못하는 사람도 쉽게 터득할 수 있는 질문법이라는 점만 기억해두자.

　C군이 변했다는 사실은 고객도 진작에 눈치챘다. 며칠 후 C군은 그 고객의 담당이 되었다. 물론 상사의 신뢰도 회복했다.

　질문하는 방법만 바꿔도 까다로운 고객과 대화가 가능해지고 인정까지 받을 수 있다. 여러분도 터득해보자.

상대에 대해 더 알고 싶은데 거리가 좁혀지지 않아요

요령이 없는 사람은 숨 막히는 침묵이 잦다

학생인 D군은 최근 좋아하는 사람이 생겼다. 같은 곳에서 아르바이트를 하는 사이로, 성격이 활달해 누구에게나 스스럼 없이 말을 붙이는 싹싹한 친구다. 하지만 데이트 신청을 하고 싶어도 **내성적인 성격 탓에 제대로 말도 걸어보지 못하고 있었다.**

그러던 어느 날, 아르바이트 중간에 휴식을 취하던 중 그녀가 드라이브를 가고 싶다고 했다. 기회는 이때다 싶어 D군은 "그럼 조만간 같이 갈래?"라고 슬쩍 물었고, 뜻밖에도 좋다는 대답이 돌아왔다. 그는 좋아하는 그녀와 데이트를 한다는 사실에 뛸 듯이 기뻤고, 즐거운 마음으로 렌터카를 구하고 갈 곳을 알아보며 그날을 준비했다.

하지만 한편으론 불안감을 떨칠 수 없었다. 말재주가 없기 때문이었다. **특히 이성과 단 둘이서 대화할 자신이 없었다.** 차 안에서 그녀와 무슨 이야기를 해야 할지 여간 고민이 아니었다. 그런 불안감을 안은 채 마침내 데이트 당일을 맞이했다.

"어디 가고 싶어?"

"어디든 상관없어. 네가 가고 싶은 데 가자."

"어디가 좋을까. 그럼 일단 바다 보러 갈까?"

"바다, 완전 좋지!"

일단 목적지는 정했지만 바다까지 가려면 한참이 걸린다. 그 동안 무슨 이야기를 하며 시간을 보낼 것인가, D군은 홀로 고민에 빠졌다. 한편 그녀는 그런 그를 보며 운전 중에 말을 많이 걸면 방해가 될지 모른다는 생각에 입을 꾹 다물었다.

숨 막히는 침묵이 이어졌다.

여름이라 어느 바다나 혼잡했다. 꽉 막힌 도로를 겨우 빠져 나와 바다에 도착하니 주차장에 긴 줄이 늘어서 있었다.

결국 두 사람은 해변에 있는 레스토랑에서 식사만 하고 바로 돌아올 수밖에 없었다.

D군은 운전 때문에 피곤하기도 했지만 그보다는 마음이 지쳐버렸다. 차 안에 단 둘이 있다는 사실에 긴장한 나머지 **이야깃거리를 찾느라 뇌가 과열된 것**이다. 피곤한 기색이 역력해

말 붙이기도 조심스러운 D군을 보며 그녀는 생각했다.

'이 남자, 재미없을 것 같은데.'

그러고는 다음 약속도 잡지 않고 헤어졌다.

이야기가 무르익는 질문법

그로부터 한 달이 지났다. D군은 명예회복의 기회를 엿보고 있었다. 한심하기 짝이 없던 지난번 데이트를 교훈 삼아 **필승 전략을 손에 넣었기 때문이다.**

"저기……. 디저트 무료 쿠폰이 하나 있는데, 같이 안 갈래?"

이번에는 카페에 가자고 제안했다. 그녀는 잠시 망설이는 듯 하더니 승낙했다.

목적지에 도착해 디저트를 먹으며 D군이 운을 뗐다.

"대학교에서 동아리 들었어?"

"일단 테니스 동아리에 가입했어."

"일단?"

"응. 그다지 적극적으로 참여하고 있진 않아."

"그렇구나. 테니스는 원래 하던 거야?"

"아니, 전혀. 대학 와서 시작했어."

"그럼 고등학교 때는?"

"고등학교 땐 좀 창피하지만, 과학부였어."

"어, 진짜?"

"이상하지? 여자가 실험을 좋아하다니."

"하나도 안 이상해. 나도 이과였는걸."

"그랬구나."

"그땐 어떤 실험을 했었어?"

이런 식으로 그녀의 과거를 화제 삼아 이야기가 무르익어갔다. 드라이브 할 때와는 비교할 수 없을 정도로 알찬 시간이었다. 좋아하는 사람과 대화하는 건 이렇게 즐거운 일이구나, D군은 처음으로 실감했다. **화젯거리를 찾느라 지치지도 않았다.** 시종일관 침착한 그를 보고 그녀도 편안해졌다.

"나, 남자랑 이런 식으로 기분 좋게 이야기한 건 처음인 것 같아. 있지, 앞으로도 나랑 만나줄래?"

"다, 당연하지!" (아싸, 해냈어!)

여기서 **D군이 활용한 '친밀감을 주는 질문'**은 뒤에서 설명하겠다.

첫 만남부터 터놓고 말하고 싶은데
이야기가 금방 끊겨요

요령이 없는 사람은 파티에 괜히 왔다고 후회한다

"원래 파티 같은 건 내 성격하고 안 맞는단 말이야."

이렇게 투덜거리며 E군은 재미없다는 듯 혼자 서 있었다. 친구에게 이끌려 스탠딩 파티에 참석했는데, 막상 와보니 아는 사람이 하나 없어 계속 머물기가 난감했다.

사교적인 사람이라면 누군가에게 말을 건네며 친구를 사귀겠지만, E군은 그게 서툴렀다. **생전 처음 보는 사람에게 뭐라고 말을 걸어야 할지 전혀 알지 못했다.**

그래서 몇 번이고 혼자 음식을 담으러 가서는 묵묵히 먹기만 했다. 그래도 가끔은 누군가 말을 걸어왔다.

"혼자 오셨나요?"

"네, 맞아요."

"그러셨군요. 파티가 참 흥겹네요."

"그러네요."

"…… 그럼 이만 실례할게요."

모처럼 말을 걸어왔는데, 본격적으로 대화를 주고받기도 전에 끝나버렸다. 이래서야 참석한 보람이 없다. E군은 재미없다는 표정으로 어서 파티가 끝나기만을 바랐다.

한편 파티 주최자인 친구는 그 모습을 멀리서 지켜보며 미안한 마음이 들었다. 사실 친구는 평소 사람을 잘 사귀지 못하는 E군에게 사람들과 교류할 기회를 마련해주려는 의도였다. 하지만 친구가 기껏 만들어준 기회를 E군은 제대로 활용하지 못했다.

물론 이 사람 저 사람에게 말을 걸어 억지로 대화해보라는 건 아니었다. 그저 **즐거운 파티에 걸맞은 이야기를 주고받으면 될 일**이었다. 하지만 당시의 E군에게는 불가능했다.

질문법만 바꾸면 초면에도 대화가 이어진다

E군은 단단히 착각하고 있었다. 모르는 사람과 대화하려면 **자신이 재미있는 이야기로 분위기를 띄워야 한다고 생각한 것**

이다. 그러니 원체 말을 잘 못하는 E군이 파티에서 이야기하는
게 상당히 어렵게 느껴질 수밖에 없었다.

　하지만 이는 잘못된 생각이다. 아무리 말주변이 없는 E군 같
은 사람도 모르는 사람과 터놓고 이야기를 나눌 방법이 있다.
그 사실을 알게 된 E군은 다시 파티에 참석해 조금 용기를 내
어 한 사람에게 말을 건네보았다.

　"저, 혼자 오셨나요?"

　"네, 맞아요."

　"그렇군요. 저도 혼자 왔습니다."

　"그러셨군요."

　"이 파티에는 누구 소개로 오셨어요?"

　"아, ○○ 씨 소개로 왔습니다."

　"○○ 씨요. 저도 몇 번 말씀을 나눈 적이 있어요."

　"그분을 아세요? 저도 오래전부터 아는 사이거든요."

　"친절하시고 늘 저를 잘 챙겨주셔서 존경하고 있습니다."

　"정말 그래요. 그분을 따르는 사람이 참 많네요."

　"그러고 보니 얼마 전에 이런 일이 있었는데요……."

　놀랍게도 E군은 활기차게 대화하고 있었다. 곁에서 들으면
처음 만난 사람들의 대화 같지 않았다. 즐겁게 이야기하는 E군
의 모습을 예전의 친구들이 본다면 깜짝 놀랄 정도였다.

　그 후 그들은 명함을 교환하고는 각자가 하는 일은 물론 사

적인 이야기까지 털어놓았다. 둘 다 고양이를 키운다는 대목에서는 크게 흥분했다. 그리고 업무상 교류할 가능성도 있다며 다음에 다시 만나기로 약속까지 했다. 이처럼 **좋은 질문은 사람의 마음을 사로잡을 뿐만 아니라 기회로까지 이어진다.**

여기서 E군이 처음 만난 사람과 대화를 나눌 수 있었던 것은 '공통점을 찾는 질문'을 활용했기 때문이다. 그 비결은 차근차근 설명하겠다.

장점을 어필하고 싶은데
머릿속이 하얘져요

요령이 없는 사람은 아무 준비도 해오지 않는다

구직 활동으로 날마다 분주한 F군. 오늘도 면접이 잡혀 있다. F군은 면접이 영 서툴렀다. 늘 긴장해 제대로 처신을 못하기 때문이다. **질문에 대답하는 것만으로도 벅차 자신의 장점을 보여주지 못했다.** 그래서 매번 낙방했다.

간신히 면접 장소에 도착했다. 길을 헤매느라 지각만 겨우 면하고 숨을 고르며 접수를 마쳤다.

마침내 면접이 시작되었다. 단체 면접이어서 5명이 나란히 앉았다. 왼쪽부터 차례대로 질의응답이 이루어졌다. F군은 다섯 번째였다. 긴장이 되었지만 그래도 앞 사람이 답변할 동안 시간을 벌 수 있어 다행이었다.

면접은 순조롭게 진행되었다.

'오늘은 무사히 끝낼 수 있겠어!'

그렇게 긴장이 풀어진 순간 갑자기 질문이 날아왔다.

"마지막으로 우리 회사에 대해 궁금한 점이 있으면 질문해주시기 바랍니다. 이번에는 반대 방향으로 가봅시다."

별안간 F군이 호명된 것이다.

"예? 저부터 말입니까?"

뜻밖의 반전에 F군은 당혹스러움을 감추지 못했다.

"아, 그러니까……. 으음."

'여기서 멋진 질문을 던지면 분명 점수가 올라가겠지.'

이렇게 생각하면서도 너무나 당황한 나머지 생각이 정리가 안 됐다. 면접관은 그를 응시하며 대답을 기다리고 있었다. 옆에 앉은 지원자들은 슬그머니 눈치를 살폈다. 하나라도 질문해야 이 상황을 벗어날 수 있다고 생각하니 긴장감만 높아갔다.

결국 F군은 극도의 긴장감으로 인해 냉정한 판단력을 잃어버렸다.

"귀사의 주력 상품을 알려주십시오."

뭐라도 물어봐야 한다는 압박감 때문에 최악의 질문을 하고야 말았다. 조금만 조사해보면 알 만한 내용을 군이 묻고 만 것이다. 면접 결과는 당연히 불합격이었다.

그렇다면 어떤 질문을 해야 했을까?

좋은 질문으로 주위를 끌어들여라

얼마 후 F군은 다른 회사 면접을 보러 갔다. 이번에는 시간에 여유를 두고 움직인 덕분에 마음도 여유로웠다. 지난번과 마찬가지로 단체 면접이었다.

면접이 시작되자 저번처럼 한 명씩 질의응답을 했는데, 각자가 순조롭게 질문을 받고 대답했다. F군도 침착하게 대답하는 모습이었다.

이윽고 저번과 똑같은 상황이 벌어졌다. 그렇다. 반대편부터 대답해달라는 주문이 떨어진 것이다.

하지만 오늘 그는 달랐다. **질문에 만반의 준비를 해온 것이다.** 준비를 하면 시선공포증이 있는 F군 같은 사람도 침착하게 이야기할 수 있다.

"이 회사 뒤편에 비석이 있는 걸 봤습니다. 거기 새겨진 이름이 사명과 같던데, 무슨 관련이 있습니까?"

예상치 못한 질문에 면접관도 적잖이 놀란 모습이었다.

"비석이라, 그런 게 원래 있던가요?"

그러자 젊은 면접관 옆에 말없이 앉아있던 초로의 남성이 입을 열었다.

"그건 창업자 이름인데, 이 근방의 대지주였어요."

"그래서 사명하고 똑같군요."

"그래요. 굉장히 작을 텐데 용케 발견했네요."

"일찍 도착해 시간적 여유가 있어서 잠시 주변을 산책했는데, 눈에 들어왔습니다."

그러자 젊은 면접관도 "저도 나중에 보고 와야겠습니다." 하며 웃었다. 다른 지원자들은 F군을 감탄하는 눈빛으로 바라보았다.

긴장감이 감돌던 면접장은 순식간에 화기애애해졌고, 이후 F군은 어깨에 힘을 빼고 편안하게 대답할 수 있었다. 그리고 면접에 합격했다.

'차이를 보여주는 질문'을 습득한 F군은 입사한 후에도 질문을 잘해 다른 사람과 소통하는 데 어려움을 겪지 않았다.

이처럼 긴장한 탓에 서툴렀던 질문도 준비를 어떻게 하느냐에 따라 큰 무기가 될 수 있다.

예리하게 지적하고 싶은데
고민하는 척만 하게 돼요

요령이 없는 사람은 눈에 띌까봐 두려워한다

회의란 다양한 의견을 내놓는 자리다. 그런데 실제로는 극히 일부만 발언하고 나머지 사람은 말없이 듣기만 하는 경우가 많다. 늘 발언하는 사람만 발언하고 그 밖의 사람들은 자리만 지키는 형국이다.

그러나 좋은 의견은 되도록 많은 사람이 머리를 맞댈수록 나오는 법이다. 따라서 회의를 진행하는 입장에서는 가급적 많은 사람이 발언하기를 바란다.

"G군, 질문 없습니까?"

언제나 말없이 모두의 의견을 듣기만 하는 G군은 별안간 상사에게 이름이 불리자 소스라치게 놀랐다. 이내 잠시 고민하는 척하다가 대답했다.

"글쎄요, 딱히 없는데요."

"없을 리가 없잖아요. 뭐든 좋으니 질문해주세요."

G군은 자신에게 쏠리는 사람들의 시선을 느끼며 고개를 숙였다.

"아무리 생각해도 없는데…….."

자신은 손들고 발언하는 성격이 아니라고 마음대로 단정 짓고는 방심하고 있다가 기습을 당한 형국이다. **원래 사람들 앞에서 발언하는 습관이 없던 터라 임기응변도 할 수 없었다.**

결국 그 상태로 아무 질문도 못한 채 회의는 끝이 났다. 되도록 눈에 띄지 않게, 무난하게 행동해온 것이 오히려 역효과가 난 셈이다. 그날 회의에서 가장 눈에 띈 사람은 G군이었다.

심지어 최악의 방법으로 눈에 띄었다. 이후 상사와 동료들은 G군을 '그냥 얌전한 게 아니라 일도 못하는 무능력한 놈'으로 보기 시작했다. 질문을 못한다는 이유만으로 이런 대우를 받다니, 무슨 수를 써야 했다.

어릴 때부터 사람들 앞에서 발표하는 것이 영 서툴렀던 그는 **어른이 되면 저절로 좋아질 거라고 믿었다.** 하지만 현실은 그리 녹록하지 않다. 못하는 일은 아무리 나이가 들어도 할 수 없는 법이다.

예리한 한마디로 주위의 시선이 확 변한다

며칠 후 열린 회의. 그날의 의제가 모두 발표되자 사회자가 여느 때와 마찬가지로 "혹시 질문 있으십니까?" 하고 물었다. 냉큼 손을 든 사람이 있었다. 바로 G군이었다.

"한 가지 질문이 있습니다."

"말씀하십시오."

그리고 그가 질문하자 격렬한 토론이 벌어졌다. **그만큼 상당히 예리한 질문이었다.** 그는 변했다. 아무 질문도 못한 채 허둥대기만 하는 존재가 아니었다. 그 회의 이후 그는 상사의 신뢰와 부하의 존경을 한 몸에 받았고 회사에 없어서는 안 될 존재가 되었다.

더 이상 예전의 G군이 아니었던 것이다. **그가 변화할 수 있었던 건 '분위기를 바꾸는 질문'을 했기 때문이다.** 이것도 뒤에서 설명하겠다.

이처럼 회의석상에서 좋은 질문을 할 수 있는 것과 없는 것은 천국과 지옥만큼 차이가 난다. 아직 신입사원이라는 이유로 입 다물고 있어도 괜찮다는 법은 없다.

만약 당신이 지금껏 회의에서 팔짱 끼고 방관만 해왔다면 그것은 굉장히 위험한 행동이다. 질문을 하지 않겠다는 자세로 회의에 참석하면 그만큼 주위의 평가만 깎일 뿐이다. 아무것도 하지 않는(즉, 아무것도 못하는) 것은 감점 요인이다. 게다가 누군가 질문을 해올까 봐 전전긍긍하고 있으면 정신 건강에도 해롭다.

하지만 **좋은 질문을 하게 되면 훨씬 좋은 평가를 받을 수 있다.**

'아무리 그래도 회의에서 손을 들라니, 내 성격상 도저히 못하겠는데⋯⋯.'

이렇게 걱정하는 사람도 있겠지만, 염려 마시라. 좋은 질문 하나만 던지면 주위에서 앞다투어 발언해준다. **질문을 던지고 난 다음에는 입을 다물고 있어도 상관없다.** 그 자리에 화제를 제공한 사람으로 존재를 인정받으므로 당당하게 이야기를 듣기만 하면 된다.

여기서 필요한 것은 어떤 질문을 하느냐와 손을 들 약간의 용기다. 당신도 이 책을 통해 회의석상에서 질문할 수 있는 사람이 되기를 바란다.

고민⑧

사람들 앞에서 질문하고 싶은데
나를 어떻게 생각할지 신경 쓰여요

요령이 없는 사람은 타인의 시선을 두려워한다

H군은 뭐든 열심히 공부하는 청년이다. 업무에 도움이 될 만한 책은 당장 구입해서 읽고, 신문과 잡지를 정기 구독하는 것은 물론 모임에도 적극적으로 참여하는 등 늘 새로운 정보를 받아들이기 위해 애쓴다. 특히 강사를 직접 만날 수 있는 강연회와 세미나는 적극적으로 참가한다.

얼마 전 한 강연회에 참석했을 때의 일이다. 그날 강사는 H군이 탐독 중인 책의 저자로, 예전부터 만나기를 바랐던 존경하는 사람이었다. 그날의 강연 내용도 훌륭해 H군은 대단히 만족스러웠다.

그런데 끝에 가서 만족도가 살짝 떨어지는 일이 벌어졌다.

강연을 마친 뒤 강사가 청중을 둘러보며 "혹시 질문 있으신가요?" 하고 물었다. 하지만 아무도 나서지 않았다. **질문이란 갑자기 해달라고 해서 쉽사리 생각나는 것이 아니다.** 게다가 50명이나 되는 사람들 앞에서 손을 들고 발언하려면 다소 용기가 필요하다.

H군도 손을 들지 않았다. 궁금한 것이 딱 하나 있었지만, 과연 질문을 해도 될지 망설이고 있었다. **이런 걸 물어보면 예의에 어긋날지도 모른다**는 생각에 선뜻 용기가 나지 않았다. 게다가 사람들이 어떻게 생각할지도 신경이 쓰였다.

결국 질문은 나오지 않았고, 잠시 서서 기다리던 강사는 다소 아쉬워하며 강연을 마무리했다.

그 모습을 본 H군은 죄송스러웠다. 굉장히 좋은 강연이었는데, 그 마음을 전하지 못한 자신이 한심하게 느껴졌다.

만약 그 순간 적절한 질문을 했더라면 강연 자체도 한층 무르익었을 테고, 강사와 청중은 물론 그 자신도 분명 더 큰 만족감을 맛보았을 것이다. 그리고 질문을 통해 조금이나마 강사와 이야기를 나눌 수 있었을 것이다. **어쩌면 선망하던 강사와 가까워졌을지도 모른다.** 하지만 그때는 어떤 질문을 해야 좋을지 전혀 알 수가 없었다.

청중 앞에서 "좋은 질문, 고마워요!"

1년 후 같은 강사가 강연회를 연다는 소식에 H군은 바로 참가 신청을 했다. 그리고 당일 입장 시작과 동시에 들어가 맨 앞좌석을 확보했다. 오늘도 50명이 넘는 사람이 참석했다.

이윽고 강연이 시작되었다. 예상대로 앞좌석에 앉으니 현장감이 있어 강사의 말이 귀에 쏙쏙 들어왔다. 작년보다 내용도 훨씬 만족스러웠다.

강연이 끝나자 작년과 마찬가지로 강사가 "혹시 질문 있으신가요?" 하고 물었다. H군은 기다렸다는 듯이 손을 들었다.

오늘은 맨 앞자리이기도 해서 평소보다 집중해서 이야기를 듣고 있었다. **이야기를 제대로 듣다 보면 아무래도 궁금한 점이나 확인하고 싶은 점이 생기게 마련이다.** 그것을 꼼꼼하게 적어둔 것이다.

호명된 H군은 자리에서 일어나 질문했다. 질문을 받은 강사는 무척 흡족한 표정을 지었다.

강연을 하는 사람은 청중에게 질문을 받는 것 자체가 기쁜 일이다. 자신의 강연을 제대로 들어주었다는 증거이기 때문이다. 설명이 부족해서 질문한다는 생각은 결코 하지 않는다. 오히려 질문자에게 고마움을 느낀다.

단, 모든 질문이 반가운가 하면, 그렇지는 않다. 개중에는 **도**

저히 대답해주고 싶지 않은 질문도 있다. 물론 대놓고 싫은 표정을 짓지는 않지만, 내심 '더 나은 질문을 해줬으면' 싶은 마음이 든다.

그런 의미에서 H군의 질문은 답변할 보람이 있는 좋은 질문이었다.

"마침 잘 물어보셨어요!"

맘에 드는 질문을 받으면 강사는 흔쾌히 대답하게 되어 있다. 청중 입장에서도 궁금한 점을 다른 사람이 물어봐주니 무척 기쁠 것이다.

강사는 굉장히 성의 있게 답변해주었다. 그리고 답변을 마친 뒤 H군에게 "좋은 질문, 고마워요!" 하며 싱긋 웃었다. **'고마운 질문'의 성과다.**

강연이 끝나자 H군은 강사에게 다가가 명함을 교환했다. 물론 강사도 그를 기억하고 반갑게 맞이했다. "아까 그 질문 정말 좋았어요. 덕분에 강연을 깔끔하게 마무리할 수 있었네요."

이 말을 들은 H군의 기분은 최고였다. 그리고 이번 일을 계기로 강사와 가까워질 수 있지 않을까 기대하며, 건네받은 명함에 적힌 메일 주소로 오늘 강연에 대한 소감을 보내자고 결심했다.

호감을 사고 싶은데
대화가 잘 안 통해요

요령이 없는 사람은 손윗사람과 소통을 못한다

영업 2년 차인 I군은 올봄에 다른 팀으로 이동했다. 다양한 고객을 경험해보라는 취지에서 마련된 사내 정책의 일환이었다.

그러다 보니 지금까지는 자신과 연령대가 비슷한 고객이 대부분이었는데, 이번 고객은 죄다 고령이었다. 할아버지와 비슷한 연령대인 사람들을 상대해야 했다.

그래도 똑같은 영업인데 별 차이 없겠지, 하며 대수롭지 않게 여기던 I군은 첫날부터 혼쭐이 났다.

"저어, 이번에 새로 담당하게 된 I입니다."

"또 바뀌었군. 그 회사는 걸핏하면 담당을 바꾼단 말이야."

"죄송합니다."

"그래, 전에 하던 녀석보다 일은 잘할 테지?"

"아뇨, 그건 어떨지……."

"뭐야, 난 일 못하는 사람한테 볼일 없다고. 어디, 확인 좀 해볼까? 현 총리부터 시작해서 역순으로 총리 이름 다섯 명만 읊어봐."

"……." (다섯 명씩이나, 불가능해!)

결국 **고객에게 휘둘려 아무것도 하지 못하고 우울해하며 돌아왔다.** '우리 할아버지랑 너무 달라. 이거 만만치 않겠는데.' 싶었다.

그도 그럴 것이 그 고객은 정년퇴직한 기업 임원이었다. 얼마 전까지 수백 명의 부하를 거느렸을 인물이니, 입사 2년 차인 I군이 대등하게 이야기할 만한 상대가 아니었던 것이다. 새로 담당하게 된 다른 고객도 마찬가지여서 I군은 잔뜩 겁을 먹고 말았다.

연배가 높은 손윗사람은 당연히 지식이 많고, 취미와 관심사는 젊은 세대와 다르다. 어중간하게 설명해봤자 금세 간파당하고 만다. 일에 대해서도 그렇지만 세상사도 제대로 이야기할 수 없다. 공통 화제가 없기 때문이다.

앞으로 쭉 그런 사람들을 상대해야 하는 I군은 어떻게 해야 할지 고민에 빠졌다.

어떤 상대를 만나도 주도권을 쥘 수 있다

오늘 I군은 지금까지와는 달랐다. 자신감이 넘쳐 보이는 얼굴이었다. 팀을 이동한 후부터 계속 고민하다가, 어느 순간 그럴듯한 해결 방법을 찾았다. 오늘은 그 방법을 검증하기 위해 총리 이름을 물어봤던, 첫 고객을 만나러 갔다.

"안녕하세요, 오랜만에 인사드립니다."

"그래, 또 왔구먼. 이젠 안 올 줄 알았는데."

"또 왔지 뭡니까.(웃음) 그런데 이전에 비해 현관 근처가 밝아졌다 싶었는데, 철쭉이 활짝 폈네요."

"그렇지? 매일같이 손질하고 있거든."

"다른 식물도 키우시나요?"

"종류는 다양해. 구경 좀 하겠나?"

그는 I군을 정원으로 안내했다.

"우와, 대단하시네요! 이걸 다 키우세요?"

"그래, 시간이 넉넉하니까."

"이 꽃, 참 예쁘네요. 이름이 뭔가요?"

한창 대화가 무르익어가는 가운데 I군은 깜짝 놀랐다. 자신이 이 까다로운 고객과 대등하게 이야기하고 있었기 때문이다. 게다가 그 대화를 즐기고 있었다.

I군이 이 대화에서 사용한 방법은 바로 '소통의 질문'이다.

자세한 내용은 뒤에서 설명하겠다. 여기서는 이 질문을 어떻게 활용하느냐에 따라 전혀 대화가 통하지 않을 듯한 상대와도 기분 좋게 이야기할 수 있게 된다는 점만 기억해두자.

이런 식으로 대화하게 되자 일에 대해서도 말하기가 수월해져 I군의 영업 실적은 훌쩍 올라갔다.

지금까지 대화에 어려움을 겪는 유형과 각 유형별 질문법을 소개했다. 어떠셨는가. **사실 여기에 등장한 A군부터 I군까지는 모두 나의 실제 사례다.** 형편없던 시절의 나와 이제는 잘하게 된 나, 그 변화의 계기는 바로 '질문'이었다.

2장부터는 본격적으로 질문을 다루되, 곧장 활용할 수 있는 방법부터 자세히 설명하겠다.

좋은 질문을 하는
단 하나의 비결

'과거'부터 물어보면 잘 풀린다

화제가 떠오르지 않는다면 이거 하나로 끝!

여러분은 어떨 때 대화가 어렵다고 느끼는가. "뭔가 말해야 하는데……." 하며 허둥지둥 화제를 찾을 때가 아닐까? 나는 그런 상황을 질문으로 돌파한다.

그렇다고 **무턱대고 물어보지는 않는다.** 질문에는 한 가지 요령이 있다. 100퍼센트까지는 아니더라도 대개의 경우 이 질문 하나로 잘 풀린다. 여기서 그 요령을 습득해 '대화가 어렵다.'는 고민을 하루 빨리 해결해보자. 그 요령이란 다름 아닌 **'과거'에 대한 질문**이다.

질문은 크게 세 종류로 나뉜다. 과거에 대한 질문, 현재에 대한 질문, 미래에 대한 질문이다.

자동차 영업 현장을 예로 들어보자.

"처음으로 산 차는 무엇인가요?" **(과거에 대한 질문)**

"지금 타는 차는 무엇인가요?" **(현재에 대한 질문)**

"앞으로 사고 싶은 차는 무엇인가요?" **(미래에 대한 질문)**

이와 같이 똑같이 차에 관한 질문이라도 세 가지로 나눌 수 있다.

영업 현장에서 이런 질문을 적재적소에 활용하면 고객의 속 내를 이끌어내는 효과가 있다. 이 가운데 자동차 영업사원이 가장 듣고 싶어 하는 대답은 미래에 대한 마지막 질문이 되겠 다. 앞으로 사고 싶은 차를 알면 판매하기가 더 수월하기 때문 이다.

하지만 고객에게 곧장 미래에 대한 질문을 해봤자 대개는 제 대로 된 답변이 돌아오지 않는 게 현실이다. 답하기 어려운 질 문이기 때문이다. 누구든 **갑자기 미래에 대한 질문을 받으면 바로 대답할 수 없는 법이다.**

그래서 영업 현장에서는 과거에 대한 질문으로 시작해 현재, 미래의 순으로 물어보도록 가르친다. 그러다 보면 미래에 대한 질문에도 쉽게 답할 수 있기 때문이다. 이는 곧 영업 실적으로 이어진다.

과거를 의식하기만 해도 대화가 원활해진다

게다가 미래에 대한 질문을 받으면 사람들은 거부감을 느낀다.

"앞일을 물어봐서 어쩌려고? 뭔가 꿍꿍이가 있는 거 아냐?"

자동차 영업사원이 갑자기 "앞으로 사고 싶은 차는 무엇인가요?"라고 물으면 속셈이 너무 뻔해 보여 솔직하게 대답할 마음이 생기지 않는다.

그러므로 과거에 대한 질문부터 시작하는 게 정론이다. 파는 데 급급한 나머지 자꾸만 미래에 대한 질문부터 시작하는 바람에 실적을 내지 못하는 영업사원이 수두룩하다.

하다못해 평소 거의 대화를 나눈 적이 없는 회사 선배가 "이번 주 일요일에 시간 있어?"라고 물어도 대답을 망설이게 된다. 심부름을 시키지나 않을까, 성가신 모임에 나오라고 하면 어쩌지 등등 이런저런 걱정 때문에 **경계하게 된다.** 그러므로 설령 사적인 자리라고 해도 미래에 대한 질문부터 던지지 않도록 조심해야 한다.

짐작컨대 여러분도 과거에 대한 질문, 미래에 대한 질문을 다양한 상황에서 활용해본 적이 있을 것이다. 지금까지 무의식적으로 사용해왔다면 이제는 의식적으로 적재적소에 활용해보자. 훨씬 강력한 무기가 될 것이다.

여기서는 맛보기에 그쳤지만, 과거에 대한 질문은 이 외에도 많은 장점이 있다. 자세한 내용을 이제부터 일곱 단계로 나누어 차례대로 살펴보자.

과거에 대한 질문법 스텝①

과거에서 미래 순으로 물어보라

<요령이 없는 사람>

내일은 뭘 드실 건가요?

글쎄요.
(갑자기 물으니 대답하기 어려운데……)

<질문을 잘하는 사람>

어제는 뭘 드셨나요?

햄버그 정식이요.

60

내가 세미나에서 강연을 할 때 참가자가 이런 질문을 한 적이 있다.

"내일 점심에는 무엇을 드실 생각입니까?"

이런 질문을 받으면 대개는 곤란한 표정을 짓게 된다. '뜬금없이 왜 이런 걸 묻지?' 하는 마음의 소리가 들려온다.

앞서도 말했지만 사람은 갑자기 미래에 대한 질문을 받으면 답하기가 대단히 어렵다. 어떻게 보면 나쁜 질문인 셈이다.

사람들은 보통 내일 점심에 무엇을 먹을지 정해놓지도 않을 뿐더러, 미리 생각하지도 않는다. **생각해본 적도 없는 일에 대한 질문을 받으면 당연히 그때부터 생각하기 시작한다.** 솔직히 말해 성가시다. 그리고 그만큼 대답하는 데 시간이 걸린다.

상대의 기분을 상하게 하고, 대답도 하기 힘든 것을 좋은 질문이라 할 수 있겠는가. 그런 이치를 이해한 상태에서 다시 질문해보자.

"어제 점심에는 무엇을 드셨나요?"

대답이 비교적 순조롭게 나온다. 전날 일이라 **상대가 스트레스를 받을 일도 없다. 따라서 '햄버그' 같은 대답이 금방 나온다.**

이 상태에서 다음 질문으로 넘어간다.

"그럼 오늘 점심엔 뭘 드셨나요?"

이것도 쉽다. '라면'이라는 대답을 들었다고 치자.

다음으로 이렇게 질문한다.

"어제는 햄버그, 오늘은 라면이셨군요. 그럼 내일 점심에는 뭘 드실 생각인가요?"

앞서 곧장 물어봤던 경우와 달리 이번에는 대답이 금세 나온다.

"글쎄요, 내일은 깔끔한 일식이 어떨까 싶어요."

이렇듯 갑자기 미래에 대해 물어봤을 때보다 과거와 현재를 묻고 나서 미래에 대해 물어보는 방식이 과거와 현재를 비교할 수 있어 답을 이끌어내는 데 효과적이다.

과거의 일은 이미 경험한 것이므로 우리의 뇌가 기억하고 있다. 즉 **과거에 대한 질문은 머릿속에 기억된 일만 물어보는 것이라 대답하기가 수월하다.**

그 다음 현재에 대해 질문함으로써 과거에서 이어진 흐름을 만든다. 이 사례에서는 점심 메뉴에 관한 흐름을 상대의 머릿속에 만들어준 셈이다. 이렇게 과거에서 현재로 가는 흐름을 만들면 다가올 미래를 상상하기가 쉬워진다.

이때 미래에 대해 질문한다. 미래의 일은 아직 일어나지 않아 뇌 속에 기억되어 있지 않다. 기억에 없는 일을 대답하려면 상상을 해야 한다. 그리고 딱히 생각하지 않았던 일에 대해 갑자기 상상하는 것은 상당히 큰 스트레스다. 상대방이 꺼리는 질문을 하고 싶은 사람은 없을 것이다. 그러니 과거에서 현재 순으로 단계를 밟은 다음 미래에 대해 물어보도록 하자.

"어렸을 때 취미가 뭐였나요?"

"지난주엔 바빴어요?"

"가장 최근에 감기에 걸린 건 언제쯤인가요?"

이 세 가지는 모두 과거에 대한 질문이다. 이처럼 상대가 선뜻 대답할 만한 질문을 하면 그 후의 대화가 순조로워진다.

물론 저마다 건드리지 말았으면 하는 과거도 있을 것이다. 그런 내용을 제외하고 지난 일을 물어보면 상대가 쉽게 대답할 수 있다.

평소 대화에 어려움을 느끼는 사람이라면 과거에 대한 질문을 의식해야 한다.

상대의 머릿속에서 화제를 찾아라

\<요령이 없는 사람\>

> 이번 주 우리 동네에 축제가 있어요.

> 흐음.(흥미 없는데)

\<질문을 잘하는 사람\>

> 지난주엔 뭐 하셨어요?

좋은
질문이에요!

> 제 이야기 좀 들어보세요!

누군가와 대화하고 싶은데 화제가 떠오르지 않은 적 있는가. 뭔가 이야기를 하고 싶은데 어떻게 말을 걸어야 할지 알 수 없다. 이대로 가다가는 침묵이 이어져 분위기가 어색해질 게 뻔하다. 이런 숨 막히는 상황을 해결하기 위해서라도 질문거리가 필요하다.

그런데 이와 같이 침묵을 두려워하는 사람은 **화제를 자기 머릿속에서 찾으려는 경향이 있다.** 어디 좋은 화제는 없나, 하고 뇌 속을 검색하는 것이다.

하지만 그렇게 하면 좋은 화제가 여간해서는 떠오르지 않는다. 설령 화제가 생각나도 짧은 대화에 그칠 뿐 금세 다시 침묵이 찾아온다. 다음의 대화를 살펴보자.

"그러고 보니 곧 있으면 축제네."

"그래?"

"기대되는걸. 올해는 꼭 참가하고 싶은데 말이야."

"그렇군."

"……."

이처럼 나한테 아무리 재미있는 화제라도 상대방이 모르거나 흥미가 없으면 대화가 이어지지 않는다. 그럴 때 요긴한 것이 과거에 대한 질문이다.

"그건 그렇고, 지난 주말엔 뭐했어?"

"낚시했어."

"너 낚시하는구나!"

"응. 몇 년 전부터 시작했는데 푹 빠졌지 뭐야."

"그렇구나. 어디로 가는데?"

"보통은 바다로 가. 지난주에도 이즈에 다녀왔어."

"바다낚시였구나. 어땠어?"

"이제껏 잡은 놈 중에 가장 큰 월척을 낚았는데 아주 어마어마해. 어떻게 잡았는지 한번 들어볼래?"

이쯤 되면 더 이상 고민하지 않아도 된다. **상대방이 알아서 이야기를 계속해나갈 것이기 때문이다.** 과거에 대한 질문만 해도 이렇게나 대화가 풍성해진다.

"최근에 본 영화 중에 재미있는 거 있어?"

"올 들어 가장 맛있게 먹은 음식이 뭐야?"

"요즘엔 누구랑 놀아?"

이런 질문도 효과적이다. 여기서 핵심은 **상대방이 자신의 취미와 취향을 말하도록 물어보는 것이다.** 거듭 당부하지만 자신의 이야기를 하면 안 된다. 화제의 중심을 오롯이 상대에게 가도록 해야 한다.

그렇게 해야 상대방이 이야기하기가 쉬워지기 때문이다. 누구나 자신의 관심사에 대해서는 할 말이 많은 법이다. 그리고 상대가 말을 많이 할수록 대화를 즐겁게 이어갈 수 있다.

자신이 아닌, 상대방의 머릿속 서랍에서 화제를 꺼내 대화해야 한다는 점을 명심하자. 과거에 대한 질문을 하면 이야깃거리를 금방 찾을 수 있다. 그렇게 되면 더 이상 화제를 못 찾아 고민할 필요도 없고, 숨 막히는 침묵이 흐를 일도 없다. 처음 만나는 사람과도 금세 대화를 나눌 수 있다.

특히 낯가림이 심하거나 긴장을 잘하는 상대일수록 그 사람의 머릿속에 있는 화제를 중심으로 이야기해야 한다는 점을 명심하자.

과거에 대한 질문법 스텝③

상대방의 마음에 초점을 맞춰라

<요령이 없는 사람>

그 시절엔 매일 막차를 탔지.

힘드셨겠네요.

<질문을 잘하는 사람>

그 시절엔 매일 막차를 탔지.

어떻게 이겨내셨어요?

상대가 손윗사람인 경우 대화가 활발하게 전개되지 못할 때가 있다. 기본적으로 공통 화제가 없는 데다 지식과 경험도 상대방이 더 많아 이쪽에서 이야기를 꺼내기가 쉽지 않다. 그렇다고 그 사람 이야기만 일방적으로 듣자니 피곤하다.

특히 연배가 높은 사람을 상대하는 젊은 영업사원이나 간병인 중에 이런 고민을 안고 있는 사람이 많은 듯하다. **단 둘이 있는데 오랫동안 대화가 끊어지면 서로 괴롭다.**

그럴 때도 과거에 대한 질문을 추천한다.

"예전엔 어떤 일을 하셨습니까?"

"나도 영업을 꽤 오래 했지."

"어, 그러셨습니까? 어느 쪽 영업이셨습니까?"

"증권회사 영업이었어."

"그러셨군요."

"그래, 나도 한창 땐 매일 영업을 돌았다고."

"힘드셨겠어요."

"그땐 죽기 살기로 했으니 힘들었는지 어땠는지 기억도 안 나지만, 실적은 늘 1등이었지."

"진짜 대단하시네요!"

"업무량이 엄청났어. 매일 막차 타고 퇴근했으니."

"아니, 정말 대단하세요. 어떻게 하면 잘 팔 수 있습니까?"

"아무래도 고객과 친해지는 게 제일이야."

"그렇군요. 그런데 친해지려면 어떻게 해야 할까요?"

"그것도 다 요령이 있는데 말이야……."

이런 식으로 대화는 점차 활기를 띠기 시작한다.

사실 여기서 물어본 것은 그냥 과거가 아니다. '상대방의 과거'에 대해 물어본 것이다. **누군가 나에 대해 궁금해하면 사람은 말문을 쉽게 열게 되어 있다.** 자신에게 관심을 가져준 것이 기쁘기 때문이다. 그래서 물어보지 않은 이야기까지 할 때도 있다. 그것도 웃는 얼굴로 말이다.

그렇게 되면 화제 때문에 고민할 일도 없고, 의사소통도 더욱 활발해진다. 일도 잘 풀린다.

특히 **손윗사람에게는 역사가 있다.** 풍부한 경험도 있다. 자신이 지닌 과거의 재산에 대해 젊은이가 물어봐준다는 것은 여간 기쁜 일이 아니다.

"왜 그 직업을 선택하셨나요?"

"직업을 바꾸기로 마음먹으신 계기는 뭔가요?"

"일을 계속 할 수 있었던 이유는 무엇인가요?"

이처럼 요령은 그 사람이 뭔가를 결심했을 때, 혹은 판단했을 때 가졌던 **마음에 초점을 맞추는 것**이다. 이직했다는 현상 자체보다는 이직을 결심한 이유 같은 마음의 변화에 관해 물으면 기꺼이 얘기해준다.

이런 식으로 질문하면 억지로 맞장구칠 필요도 없을 만큼 상대가 이야기를 늘어놓는다. 그 이야기를 흥미롭게 듣기만 하면 끝이다.

일 말고도 전쟁이라든가 문화, 취미와 특기 등도 좋은 질문 거리다. 아무쪼록 그 사람의 과거에 대해 물어봐야 한다는 점을 명심하기 바란다.

생각할 시간을 방해하지 마라

<요령이 없는 사람>

> (이 사람은 말수가 적군.)
>
> 음, 나 같은 경우는······

> (앗, 지금 생각하고 있었는데······)

<질문을 잘하는 사람>

> (그래, 좀 기다려줘야겠군.)

> ······ 아, 생각났어요!
> (이 사람은 말하기가 편하네.)

아무리 말수가 없는 사람이라도 내심 자신의 이야기를 하고 싶어 한다. 나도 누가 어떤 것에 대해 물었을 때 무척 수다스러워진 경험이 있다. 워낙 말수가 없어서 평소 말을 거의 안 하는데도, 그때는 **스스로 놀랄 정도로 수다를 떨고 있었다.**

바로 내 과거를 물었을 때였다.

"와타세 씨는 원래 말수가 없으시다던데, 어릴 때부터 쭉 그러신 거예요?"

"영업 왕이셨다면서요. 왜 회사를 그만두신 겁니까?"

"디자인 회사를 경영하다가 지금의 일을 하시게 된 이유는 뭔가요?"

이런 질문을 받으면 기쁜 마음으로 입을 연다. 말수가 적은 사람이라고 해서 이야기하기를 싫어하라는 법은 없다. 그저 신중하게 말을 고르거나, 상대방을 너무 배려하거나, 말하는 속도가 느리다는 등의 이유로 말수가 적은 것뿐이다.

오히려 **이야기하고 싶은 욕구를 평소 참아온 탓에 한번 말하기 시작하면 멈추지 못하는 경우도 있다.**

그리고 나에게만 해당되는 사항일 수도 있지만, 말수가 없는 사람은 보통 사람보다 생각하는 속도가 느린 듯하다. 이 또한 신중한 성격 탓인데 차근차근 생각하는 습관이 있다. 그래서 한 가지를 생각하는 사이에 다른 화제로 넘어가 아무 대답도 못하고 끝나는 일도 흔하다. 특히 앞일(즉, 미래)을 상상할 때는 더 깊은 생각에 잠긴다.

"꿈이 뭔가요?"

"꿈이요, 글쎄요……." (생각 중)

"아, 떠오르지 않는다면 내년의 포부도 괜찮습니다."

"어, 포부요? 으음……." (다시 생각 중)

"저기, 없으면 됐어요."

"……." (지금 생각하고 있었는데)

그러니 과거에 대한 질문이 말하기가 수월하다.

단, 말수가 없는 사람의 입을 열게 하려면 조건이 하나 더 있다. 내 질문에 상대방이 대답했을 경우 그 대답에 제대로 맞장구를 쳐야 한다는 점이다. 즉, 반응이 필요하다. 애써 대답했는데 묵살당한다면 다시는 대답하기 싫어질 것이다.

말수가 없는 사람은 상대방이 자신의 말을 제대로 듣고 있는지 불안해한다. 그 불안을 해소하려면 "방금 한 이야기, 무척 흥미롭네요. 어서 계속 해주세요." 하는 식으로 반응해주어야 한다. "그렇습니까!", "아하!", "그래서 어떻게 되었나요?!" 등도 괜찮다. 그래야 상대방이 마음 놓고 이야기할 수 있다.

이와 같이 과거에 대한 질문은 반응과 섞어서 사용하면 말수가 없는 사람에게 효과적이다.

입이 무겁다고 말하기를 꺼리는 것이 아니다. 당신을 피하려는 것도 아니다. 그저 **반응하거나 생각하는 작업이 다른 사람**

보다 느릴 뿐이다.

이 경우 과거에 대한 질문부터 시작하면 조리 있게 순서대로 말할 수 있어 평소보다 대화가 원활하게 진행된다. 더불어 말솜씨가 없는 자신의 이야기를 잘 끌어내준 상대에게 좋은 감정이 생긴다.

이제껏 무뚝뚝했던 사람도 이야기하도록 잘 이끌어주기만 하면 기꺼이 입을 열 것이다. 그러니 과거에 대한 질문을 꼭 활용하기 바란다.

상대의 말을 재활용하라

<요령이 없는 사람>

네일리스트가 되는 게 꿈이었어.

그래?(잘 모르겠는데.)

<질문을 잘하는 사람>

네일리스트가 되는 게 꿈이었어.

계기가 뭐였어?

"오늘은 날이 따뜻하니까 코트는 필요 없겠지요?"

"네."

"그런데 오후부터 비가 온다네요. 우산 있으세요?"

"아뇨."

"……."

이처럼 대화가 짤막짤막 끊긴 경험이 있지 않은가. 어째서 자꾸 끊기는가 하면 바로 "예스, 노"로 대답할 수 있는 **닫힌 질문**을 던졌기 때문이다. 닫힌 질문은 곧장 대답을 들을 수 있다는 이점이 있는 반면 대화가 이어지기 어렵다는 단점도 있다.

이럴 때는 자유롭게 대답할 수 있는 **열린 질문**을 하면 된다.

"앞으로 어떤 일을 하고 싶어?"

"앞으로라, 으음."(어려운 질문인걸)

그렇다고 이처럼 **아무거나 물어봐도 상관없다는 뜻은 아니다.** 상대방을 곤혹스럽게 만드는 질문을 했다가는 자칫 대화가 중단되고 만다.

이럴 때 과거에 대한 질문을 쓴다.

"학생 땐 뭐가 되고 싶었어?"

"뭐였더라, 고등학생 땐 네일리스트가 되고 싶었지."

"네일리스트였구나! 용케 그런 직업을 알고 있었네?"

"옆집에 사는 언니가 네일리스트였어."

"아하, 그랬구나."

"나한테 한 번 해줬거든."

"어땠어?"

"엄청 기분이 좋더라고. 그래서 나도 그 일을 하고 싶다고 생각한 거야."

"좋은 경험했네. 근데 왜 안 했어?"

"사정이 좀 있었지."

"자세히 들려줘 봐."

이쯤 되면 상대가 알아서 이야기보따리를 풀어놓을 것이다.

여기서 핵심은 과거에 대한 질문이라는 점, 그리고 열린 질문으로 물어봤다는 점이다. 과거의 일은 열린 질문에도 답하기가 수월해 바로 답변이 돌아온다. 뿐만 아니라 예스나 노가 아닌 구체적인 말로 이루어진 대답이라 질문거리를 잡아서 계속 물어볼 수 있으므로 대화가 길게 이어진다.

요령은 **상대방의 말을 집중해서 듣고 재활용하는 데 있다.** 재활용할 때 편리한 요소가 5W1H(언제, 어디서, 누가, 무엇을, 왜, 어떻게)다.

앞서 오고간 대화에서는 상대방의 입에서 나온 네일리스트라는 키워드를 질문함으로써 이야기가 점차 확장되었다. **특히 네일에 대한 지식이 없어도 대화를 주고받을 수 있다는 점이 중요하다.** 대화가 한결 편해지고, 상대도 자신의 이야기를 흥미롭게 들어주니 흔쾌히 대답해준다.

이 방법은 마음에 둔 이성이나, 상사 등 윗사람의 체면을 세우며 대화할 때 아주 효과적이다. 당신에게 관심이 있다, 당신에 대해 더 이야기해달라는 메시지가 담긴 질문을 받으면 누구나 반가워하기 마련이다.

과거에 대한 질문은 그런 대화를 가능하게 해준다.

인정하고 있다는 것을 표현하라

\<요령이 없는 사람\>

(결과를 보고) 왜 이렇게 됐나?

\<질문을 잘하는 사람\>

(과거를 보고) 이땐 어떻게 생각했나?

평소 말 걸기 어려웠던 사람에게도 질문으로 대화의 계기를 만들 수 있다. 이를테면 직장에 부하 직원이 있다고 치자. 그 부하 직원은 조용하고 자신의 의견을 말하지 않는 성격이다. 늘 말이 없으므로 나에게 말을 걸어온 적도 없다.

일은 성실하게 하지만 말 걸기가 어려우니 일 처리가 어긋날 때도 있고, 의사소통도 원활하지 않아 난감하다. 먼저 다가가면 되겠거니 싶지만 어떻게 말을 걸어야 할지 알 수가 없다. **이렇다 보니 말을 거는 건 꼭 필요할 때뿐이다.**

"이거, 꺼낸 다음에 정리해두라고 했을 텐데?"

"아, 죄송합니다."

"정해진 곳에 두지 않으면 다들 불편해 한다고!"

"죄송합니다."

"…… 앞으론 조심하도록 해."

"네."

이와 같이 주의를 주거나 훈계할 때만 말을 거는 경우가 대부분이다. 이래서야 제대로 소통하기는커녕 부하 직원에게 **반감을 살 수도 있다.**

"우리 상사는 내 얼굴만 보면 잔소리밖에 안 해. 너무 싫어."

바로 이럴 때야말로 과거에 대한 질문을 활용해야 한다.

"얼마 전에 만들어준 자료 말이야, 고객한테 반응 좋던데."

"그렇습니까."

"그거 만드는 데 얼마나 걸렸나?"

"한두 시간쯤 걸린 듯합니다."

"뭐? 겨우 두 시간 만에 한 건가! 대단한데."

"대단한 건 아닙니다."

"다음번엔 만드는 과정 좀 보여주겠나? 참고할까 싶어서."

"그럼요!"

눈앞만 보다 보면 자꾸 허물을 찾게 되지만, **과거로 시선을 돌리면 그 사람의 장점이 보이기도 한다.** 이 사례에서도 부하 직원이 과거에 한 일에 대해 묻는 방식으로 말을 걸었다.

정말 궁금해서 한 질문이 아니다. 진정한 목적은 대화를 나누는 데 있다.

더불어 부하 직원과 대화할 때 가장 효과적인 방법은 상대방을 인정해주는 것이다. 상사라면 누구나 가능하면 부하를 칭찬해주고 싶어 한다. 하지만 실제로는 야단쳐야 할 면만 눈에 띄기 십상이다.

그럴 때 과거로 눈을 돌리면 칭찬할 점을 찾을 수 있다. 야단치고 싶을 때도 꾸중부터 할 것이 아니라 **과거에 대한 화제로 말문을 열고 일단 칭찬한 다음 야단치는 편이 훨씬 효과적이다.** 부하 직원에게 말을 걸 때는 우선 과거부터 질문해야 한다는 점을 명심하자.

부하 직원은 상사가 인정해주지 않을 때 가장 힘들어한다.

특히 얌전한 사람은 자신이 남몰래 노력하는 모습을 알아주기를 원한다. 부하 직원이라면 누구나 상사가 말을 걸어주기 바라고, 가급적이면 칭찬받고 싶어 하기 마련이다.

적극적으로 다가오는 부하 직원은 상사도 편하고 잘 대응할 수 있다. 하지만 모든 직원이 그렇지는 않은 법이다.

여기서 제시한 사례와 같이 말 걸기가 어려운 부하 직원이 있다면 과거에 대해 먼저 물어보자. 그러면 마음을 열어줄 것이다.

깊이 파고들어 마음을 전하라

<질문을 잘하는 사람>

> 학생 땐 뭐 했었어요?

⬇

> 그렇군요! 어떻게 시작한 거예요?

⬇

> 어, 나도 그래요!

좋는 질문이에요!

> (이야기하기 편한 사람이네.)

마지막으로 과거에 대한 질문은 연애에도 효과적이라는 말을 전하고 싶다. 예컨대 좋아하는 이성에게 호감을 전하고 싶을 때 직접 전하는 편이 좋은가 하면 그렇지도 않다. **상황과 타이밍에 따라 다르게 받아들일 가능성도 있기 때문이다.**

'어떡하지, 이렇게 갑자기 고백해오니까 어떻게 대답해야 할지 모르겠네.'

'아직 나를 잘 모르면서 어떻게 좋아한다고 말할 수 있지?'

'너무 가볍게 말하는걸. 아무한테나 막 고백할 것 같아.'

기껏 용기를 내서 고백한 상대가 이런 오해를 한다면 고백을 안 하느니만 못하다. **직설적인 말은 양날의 칼과 마찬가지다.**

그럴 때는 이런 식으로 전달해보면 어떨까.

"학교 다닐 때 스포츠 같은 거 했어?"

"농구랑 테니스 했어."

"아, 그렇구나. 언제부터 했어?"

"중학생 땐 농구부였고 고등학교 들어가서는 테니스부에 들어갔어."

"그랬구나, 농구부에서 테니스부로 바꾼 이유가 뭐야?"

"내 성격상 농구는 잘 안 맞는다 싶어서."

"성격상? 무슨 뜻이야?"

"농구는 단체 종목이잖아. 아무래도 다른 사람을 신경 써야 하고 나를 마음껏 드러낼 수 없더라고."

"그래? 다른 사람을 신경 쓰는 편이구나."

"응. 내가 슛을 할 수 있는 상황에서도 패스로 공을 돌리는 편이 좋지 않을까 고민하게 돼."

"그래서 개인 종목인 테니스로 바꿨구나."

"맞아!"

"뭔지 알 것 같아. 나도 비슷한 성격이거든. 그럼 취미도 혼자 하는 게 많았겠네?"

"그랬지. 많은 사람과 노는 것보다 혼자서 책 읽기를 좋아하는 아이였어."

"독서를 좋아했구나. 어떤 작가를 좋아했어?"

대화의 계기를 마련하기 위해 과거에 대해 물어보는 방법이다. 과거의 일이라면 열린 질문으로 물어도 쉬이 대답할 수 있어 대화가 원활해진다. 이때 **상대의 답변 속 키워드(농구, 테니스)에 대해 더 깊이 파고드는(왜 테니스인가) 것이 핵심이다.**

이런 식으로 질문의 초점을 모두 상대의 과거에 맞춘다. 그러면 상대방은 이 사람이 내 과거에 관심이 있고 나를 더 알고 싶어 한다는 것을 느낀다. 마음에 둔 상대이므로 더 알고 싶어 하는 것이다. 다시 말해 **과거를 묻기만 해도 상대방에 대한 호감까지 표현할 수 있다는 뜻이다.**

이런 이야기를 한참 주고받은 다음 좋아한다고 고백하면 어떨까? 진심을 받아줄 것 같지 않은가.

물론 어떤 대답이 나올지는 보장할 수 없지만, 적어도 고백이 진심이라는 점 하나는 전해질 것이다. 그리고 자신에게 호감을 가진 사람에게는 호의적으로 대하기 마련이다. 그러니 누군가에게 사랑받고 싶다면 먼저 과거에 대한 질문부터 시작해 보기 바란다.

3장

질문력이 단숨에 느는
9가지 법칙

질문 전에 반드시 예고하라

<요령이 없는 사람>

(뜬금없이) 일은 언제부터 시작하셨나요?

▼

<질문을 잘하는 사람>

잠시만요. 일은 언제부터……?

질문에는 기본 패턴이 있다. 미리 알아두면 질문에 대한 부담이 줄어들고 동시에 질문 내용도 좋아진다. 여기서 숙지하고 넘어가자.

질문이 아무리 좋아도 상대방에게 제대로 전달되지 않으면 의미가 없다.

"축구 상당히 잘한다면서? 어릴 때부터 했어?"

"응? 못 들었어. 뭘 잘한다고?"

우리말의 특성상 느닷없이 '축구'라는 단어를 꺼내도 대화가 성립된다. 위와 같은 질문이 그다지 부자연스럽지 않은 이유다.

그런데 듣는 이가 첫마디인 '축구'를 놓치기라도 하면 질문 전체가 전달되지 않는다. 우리말이라서 일어날 수 있는 일이다. 급기야 무슨 이야기인지 몰라 되묻게 된다. 애써 질문한 내용이 전달되지 않아 상대방이 되물으면 질문할 마음이 싹 가시고 말 것이다.

특히나 질문을 잘 못하는 사람은 비교적 곰곰이 생각한 후 질문하는 경향이 강하다. 간혹 작정하고 물어보는 일도 있을 것이다. 그런데 상대방이 "뭐라고 했어?" 하고 반문해온다면 맥이 쭉 빠지게 된다. 그러면 "아니, 아무것도 아니야……." 하고 질문을 번복할지도 모른다.

그런 일이 벌어지지 않도록 방지하는 방법이 '예고'다.

질문하기에 앞서 **이제부터 당신에게 질문하겠다는 신호를 보내놓으면 상대방도 처음부터 들을 자세를 취한다.** 방금 전 대화를 다시 살펴보자.

"물어볼 게 있어." (← 예고)

"뭔데?"

"축구 말이야, 지금은 상당히 잘한다면서? 어릴 때부터 했어?"

"응. 초등학교 때 그 지역 축구 클럽에 들어가서 시작했어."

대화가 훨씬 자연스러워졌다. 핵심 단어를 놓칠 리 없기 때문이다. 질문하기 전에 한마디만 하면 된다. 한마디만 더하면 서로 스트레스도 없고 원활하게 이야기를 주고받을 수 있다.

내 질문에 상대방이 대답해주는 행위는 그 사람의 시간을 받는 것과 마찬가지다. 그러니 폐가 될 수도 있다(질문을 잘 못하는 이유 중 하나다). 폐가 되지 않으려면 충분한 배려가 필요하다. 이왕이면 상대방이 기분 좋게 웃어주기를, 대답하는 시간도 의미 있게 느끼기를 바라는 마음으로 질문을 해야 한다.

질문을 받은 입장에서도 **남의 질문을 되묻는 것은 그다지 내키는 일이 아니다.** 물론 반문당하는 사람의 마음도 마찬가지다. 그런 부정적인 감정을 서로 맛보지 않기 위해서라도 질문에 대한 예고가 이루어져야 한다.

남에게 뭔가를 물어볼 때는 반드시 예고의 말을 하자. 이 또한 질문의 기본이라는 사실을 기억하기 바란다.

■ 사전 예고 문구의 예

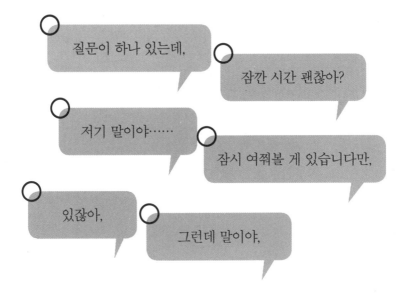

선택의 여지를 주어라

<요령이 없는 사람>

오늘은 뭐 먹을래?

▼

좋은
질문이에요!

<질문을 잘하는 사람>

어떤 음식으로 할래?

이탈리안? 중식?

질문을 했는데 대답이 좀처럼 돌아오지 않을 때가 있다. 깊이 생각하느라 그러는지, 대답할 마음이 없어서인지는 알 도리가 없다. 분명한 것은 상대가 답하지 않는 시간만큼 침묵이 흐른다는 사실이다. 침묵은 누구나 견디기 어렵다.

질문을 해놓고도 **상대가 순순히 대답해줄 거라는 확신이 없으면 침묵이 언제 시작될지 몰라 안절부절못하게 된다.** 그런 공포 때문에 질문을 못 할 때도 있다.

그렇게 되지 않기 위해서라도 첫 질문은 간단하게 대답할 수 있는 것부터 시작하자. 다시 말해 대답하기 쉬운 질문을 하라는 말이다. 바로 대답이 돌아온다는 생각에 가벼운 마음으로 말을 걸 수 있다.

그렇다면 어떤 질문이 좋을까? 내가 추천하는 질문은 세 가지다.

· 상대방이 알고 있는 것
· 대답하기 망설여지지 않는 것
· 깊이 생각하지 않아도 되는 것

모두 상대방에게 부담을 주지 않으면서도 간단하게 대답해줄 만한 질문이다. 그럼 하나씩 살펴보자.

"그 펜 멋있다. 어디서 샀어?"

상대방이 가지고 있는 펜에 대해 물어보고 있다. 자신의 소지품은 잘 알고 있을 테니 대답도 금방 나오리라 예상되는 질문이다. 상대의 소지품 등 익숙한 것을 화제로 삼도록 하자.

두 번째는 대답하기 망설여지지 않는 질문이다. 앞서 언급했듯이 "오늘 저녁은 뭐 먹을래?"와 같은 질문은 그다지 바람직하지 않다. **답이 무한정으로 나오기 때문이다.** 이럴 때는 "오늘 저녁은 집에서 먹을래? 아니면 외식할까?" 하는 식으로 질문을 던져 둘 중 하나를 고르게 하면 대답하기가 수월하다.

돌아오는 대답에 따라 "그럼 어떤 음식이 좋아? 일식, 중식, 양식, 이탈리안?" 등으로 선택의 폭을 넓혀간다. 이 또한 대답하기가 쉬우므로 대화가 원활하게 이루어진다. 그러다가 마침내 '햄버그'와 같은 구체적인 메뉴에 도달하게 된다. 핵심은 **큰 범주에서 시작해 점점 좁혀가며 질문하는 데 있다.**

세 번째는 깊이 생각하지 않아도 되는 질문이다.

"내년의 포부를 들려주세요."

이런 뜬금없는 질문에 즉시 대답할 수 있는 사람은 거의 없을 것이다. 평소 문제의식을 갖고 있지 않은 이상 질문을 듣고 고민하기 시작하는 게 보통이다. 그러므로 이내 대화는 중단되고 말 것이며, 무엇보다 어려운 질문을 던진 상대에게 불쾌감을 가질 수 있다.

이런 경우 앞 장에서 설명한 것처럼 '과거'부터 물어보면 된다. "작년의 포부는 무엇이었습니까?"로 시작해 "올해의 포부는 무엇인가요?" 하고 현재에 대해 질문한 다음 "그럼 내년의 포부는?" 하고 미래를 물어본다. 이렇게 시간 순으로 물어보면 상대방도 부담이 덜하다. 깊이 생각하게 하는 질문은 대부분 '미래'에 대한 질문이므로 의식적으로 과거부터 순서대로 묻도록 하자.

단번에 대답을 얻을 필요는 없다. **여러 번으로 나누어 질문해도 상관없다.** 단계별로 물어보는 것이 상대방에게 편한 경우가 많으므로 처음에는 쉽게 대답할 만한 질문을 던져야 한다. 질문도 하나의 의사소통인 셈이니까.

No를 들으면 받아쳐라

<요령이 없는 사람>

(No라는 말에)

아, 역시 그렇군요……

▼

<질문을 잘하는 사람>

(No라는 말에)

의외네요. 이유를 알 수 있을까요?

상대방의 대답을 이끌어내기 좋은 질문이란 어떤 것일까? "Yes", "No"로 답할 수 있는 질문이 대표적이다. 둘 중 하나만 고르면 되니 깊이 생각할 필요가 없고, 그만큼 대답이 빨리 나온다. 이는 앞서 언급한 닫힌 질문이다.

그렇다면 예스와 노 중 어떤 대답이 나오는 게 좋을까? 영업 등 협상 현장에서는 흔히 '상대방이 예스라고 말하게 하는' 기술을 사용한다.

"만일 구매하신다면 저렴한 게 좋으시지요?"

"예."(Yes)

"성능은 충분한 편이 낫지요?"

"그렇지요."(Yes)

"저렴한 가격에 성능까지 두루 갖춘 상품이 있다면 갖고 싶으신가요?"

"물론이지요."(Yes)

"이 제품이 그런 겁니다. 어떠세요?"

"흠, 괜찮네요."

이와 같이 '예스'를 반복하다 보면 마지막에 구매를 권유할 때도 예스라는 대답을 얻기가 수월해진다.

한편 위의 대화만 보면 상대방이 예스라고 하는 편이 좋다고 생각하기 십상인데, 사실 그렇지만도 않다. 참고로 나는 영업을 당할 때면 영업사원이 나에게 영업 기술을 쓰지 않는지 신경 쓴다. 그리고 **어중간한 기술을 쓴다 싶으면 그 영업사원을 통해서는 절대로 구매하지 않는다.** 나를 유도하려는 속셈이 뻔하기 때문이다. 유도심문과 같다고 보면 된다.

사람은 보통 유도하려고 할수록 반발한다. 남에게 통제당하고 싶은 사람은 아무도 없기 때문이다. 잔꾀를 부리거나 기술과 매뉴얼에만 의존하다 보면 되레 역효과가 나기 마련이다.

'노'를 거듭하게 하는 질문도 마찬가지다. 같은 대답이 연거푸 나오면 부자연스러운 느낌이 들기 때문이다. 즉 예스와 노가 적당히 섞여야 좋은 결과가 나온다.

상대방의 대답이 질문한 사람에게 유리하다면 더할 나위 없겠으나, 상대방이 살아있는 사람인 한 뜻대로 굴러가지 않는 법이다. 예스라고 할 줄 알았던 사람이 노라고 답하는 경우도 흔하다. 그런데 **의외의 대답이 나왔을 때야말로 대화가 활발해지는 기회이기도 하다.**

"어라, 어째서 노야?"

"당연히 예스일 줄 알았는데 의외네. 이유가 뭔지 궁금한데?"

또는 이런 식으로 되물을 수도 있다.

"노라고 할 줄 알았어. 근데 예스라고 한 이유가 뭐야?"

이와 같이 상대방의 답변에 맞추어 질문을 거듭하다 보면 대화가 더욱 풍성해진다. 대답을 받으면 다시 질문을 하는 식으로 대화가 이어진다.

핵심은 상대가 편하게 답할 만한 질문을 하고, 돌아온 답변에 맞춰 질문을 거듭하는 데 있다. 설문조사에나 나올 법한 형식적 질문으로는 결코 대화가 무르익지 않는다.

이때 **"의외네."라고 말하며 정말 예상 밖임을 드러내는 동작(이를테면 고개를 갸우뚱한다거나)을 섞으면 상대방이 더욱 마음을 열어줄 것이다.** 이는 상대의 답변에 대한 반응으로, 질문에서 대단히 중요한 요소다. 적절한 반응에 관해서는 뒤에서 다시 설명하겠다.

質문의 법칙④ 기다리기

침묵으로 속내를 드러내게 하라

<질문을 잘하는 사람>

> '미래에 대한 질문'을 한 후에는……

▼

조급해하지 말고 차분하게 기다린다.

누군가와 함께 있을 때 두려운 것, 그중에 으뜸은 '침묵'이 아닐까 싶다. 둘 다 입을 열지 않으면 분위기가 어색해지고, 무슨 말이라도 해야 한다는 생각에 초조해진다. 침묵은 가급적 피하는 게 상책인 듯싶다.

이렇듯 모두가 꺼리는 침묵이지만 예외적으로 환영해야 할 때가 있으니, 바로 **질문을 던지고 나서 상대방의 대답을 기다릴 때다.**

"앞으로 무엇을 하고 싶으신가요?"

"글쎄요……."

"……."(묵묵히 대답을 기다린다)

이렇듯 곰곰이 생각해야 할 질문을 상대방에게 던진 다음에는 차분히 기다리면서 침묵해도 괜찮다. 그 시간을 기다리지 못하고 침묵을 깨버리면 상대방은 생각을 중단해버린다. 결국 대답도 못 듣고 상대방 기분까지 상하고 만다.

대화가 끊겨 초조할 때의 침묵과 상대방 대답을 기다릴 때의 침묵을 잘 구분해서 사용하는 것이 관건이다. 그러면 침묵의 효과적인 사용법을 알아보자.

상대방을 생각하게 만드는 질문이라고 해서 결코 나쁜 것만은 아니다. 정곡을 찌르는 예리한 질문을 받고 **상대방이 골똘히 생각해서 내놓는 답은 그 사람의 속내일 때가 많기 때문이다.**

속내가 밝혀지면 비즈니스에서는 다음 일로 이어질 테고, 사적으로는 더욱 가까운 사이가 될 수 있다. 좀처럼 드러나지 않는 속내를 이끌어내는 열쇠가 침묵인 것이다.

예컨대 다소 쉬운 질문(과거에 대한 질문)으로 대화가 활발해졌을 무렵 아래와 같이 약간 무거운 질문을 던지는 식이다.

"지금 계신 회사에는 언제부터 근무하셨나요?"

"대학 졸업하고 바로니까 스물 셋부터였네요."

"그때부터 계속요?"

"네, 올해로 15년째입니다."

"앞으로도 계속 이 회사에서 일하실 생각인가요?"

"으음, 글쎄요……." (오랫동안 생각한다)

"……." (차분히 대답을 기다린다)

"사실 아무한테도 얘기한 적 없는데, 독립을 고려하고 있어요."

"정말요?!"

"네, 천천히 준비하고 있어요."

퇴사 후 독립한다는 이야기는 쉽사리 공개할 만한 내용이 아니다. 그런데 이 대화에서처럼 '과거'를 먼저 묻고 '현재'를 물어본 다음 마지막으로 '미래'를 묻다 보면 속내가 잘 드러난다.

여기서 핵심은 **앞일(미래)에 대해 질문한 후 차분히 대답을 기다리는 것이다.** 미래의 일은 생각이 충분히 정리되지 않은 경우가 많으므로 대답하는 데 시간이 필요하다. 말을 고르며 이야기하는 사람도 있을 것이다. 당연히 침묵이 흐를 만한 상황이다. 이때 차분히 기다려주면 대답에 대한 부담이 줄어든다.

　이 사람한테만큼은 속내를 드러내도 괜찮겠다 싶을 정도로 안심을 주는 것이 관건이다. 그러려면 초조한 침묵이 아닌, 여유로운 침묵이 필요하다.

적절한 관용구로 화제를 돌려라

<질문을 잘하는 사람>

> 이야깃거리가 줄어들면……

▼

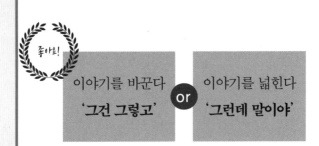

좋아요!

이야기를 바꾼다
'그건 그렇고'

or

이야기를 넓힌다
'그런데 말이야'

여러 명이서 한창 잡담을 나누던 중 화제가 끊길 때가 간혹 있다. 아무리 분위기가 무르익었다 해도 언젠가는 할 말이 없어지기 마련이다. 이야깃거리가 바닥나서 지겨워지려는 상태다. 이대로 이야기를 계속하기가 버거워 **누가 화제 좀 바꿔주면 좋겠다는** 생각이 간절하다.

그럴 때 효과적인 질문법이 있다. 선술집에서 한잔 걸치며 대화를 나누고 있다고 치자.

"그건 그렇고, 아까부터 신경 쓰였는데 저쪽 테이블에 앉은 여자, 우리 회사 총무 아니야?"

"어? 정말 그러네."

"용케도 알아봤구먼."

"그래서 어떡할래, 인사해볼까?"

이런 식으로 한 가지 화제가 끝나갈 때를 엿보다가 새로운 화제로 바꾸면 다시 대화가 활발해진다. 이런 계기를 만드는 데도 질문만한 게 없다.

잡담에 능숙한 사람은 혼자서만 이야기하는 법이 없다. 적당히 말을 건네 상대방이 직접 이야기하게 한다. 질문이라는 수단으로 이야깃거리를 제공하는 셈이다.

이 '화제 전환'용 질문을 할 때 쓰이는 관용구가 있다. 앞의 대화에 등장한 **'그건 그렇고'**가 대표적이다.

이 말에는 질문을 예고하는 효과도 있어 주위 사람이 듣는 자세를 취하게 된다. 뿐만 아니라 '이제 다른 화제를 꺼내겠다.'는 신호여서 기대감이 높아지므로 이야기에 집중한다.

슬슬 이야깃거리가 바닥날 시점이라면 "그건 그렇고……" 하고 운을 떼기만 해도 반갑게 응수해줄 것이다. 주위 사람들과 이야기를 나누며 깨달은 점, 의문스러웠던 점을 마음속에 담아두었다가 적당한 시점에 활용해보자.

한 가지 관용구가 더 있다. **'그런데 말이야'**다.

'그건 그렇고'는 화제를 돌릴 때 쓰고, '그런데 말이야'는 그때까지 나눈 이야깃거리를 기반으로 한 소재, 즉 연관된 화제를 꺼낼 때 사용한다.

"그런데 말이야, 여자랑 같이 있는 사람 누군지 알아?"

이처럼 화제를 넓히는 데 유용하다. 단, '그런데 말이야'는 돌발적인 느낌이 없어 사용하기가 비교적 무난하지만, 화제의 효과 면에서는 '그건 그렇고'만큼 크지 않다.

일상생활에서 자연스럽게 대화할 때는 화제를 넓히는 '그런데 말이야'를, 새로운 이야깃거리가 필요할 때는 화제를 아예 돌릴 수 있는 '그건 그렇고'를 활용하면 된다.

새로운 화제만 꺼내도 분위기가 살아나니 주위 사람도 좋아하고 당신의 존재감은 커진다. 이때다 싶을 때 시도해보자. 주위 사람의 이야기를 귀담아 듣는 것, 더불어 그것에 그치지 않고 주변을 자세히 관찰하는 것이 요령이다.

적절한 타이밍에 벽에 걸린 메뉴판을 바라보며 "아까부터 신경 쓰이는 게 있는데 말이야, 저쪽에 적힌 '환상의 계란말이'는 어떤 걸까?" 하고 이야깃거리를 말할 수 있게 되면 그때부터 대화 자체가 편해진다.

평소 주변을 관찰하는 습관을 들여야 한다.

무의미한 질문을 피하라

<질문을 잘하는 사람>

상대방의 답변에 반응을 보인다.

대사… "아하!"
"잘 알겠습니다!"

동작… 몸을 앞으로 내민다.(흥미)
뒤로 젖힌다.(놀라움)
눈을 크게 뜬다.(감탄)

좋아요!

나는 평소 세미나 강사로 활동하고 있다. 강의가 얼추 끝나면 마지막으로 질문 시간을 가진다.

"혹시 질문 있으신가요?"

그러면 간혹 이런 질문이 나온다.

"잘나가는 영업자가 되는 비결이 뭔가요?"

영업 강사에게 던진 이 한마디는 언뜻 좋은 질문처럼 보인다. 하지만 정작 질문을 받은 나는 그렇지 않다.

'또 이 질문이야, 실망인데.'

노골적으로 실망감을 드러내지는 않지만 맥이 쭉 빠진다. **모든 영업 강사에게 물을 법한 질문이기 때문이다.** 나에게만 던진 특별한 질문이 아니라는 말이다.

설령 잘나가는 비결을 한마디로 말해준들 들은 사람의 실적이 오를 리 없다. 이 세상에는 마법 같은 비결 따위 존재하지 않기 때문이다.

그렇게 속으로 투덜거리며 대답한다.

"글쎄요. 굳이 한마디로 말하자면 고객 앞에서 평상심을 유지한다는 것 정도겠네요."

참으로 모호한 답변이지만, 이 정도밖에 이야기해줄 수 없다.

이런 식의 질문을 위한 질문은 상대방에게 큰 실례다. 그리고 이런 질문을 하는 사람일수록 답변을 듣는 태도도 좋지 않을 가능성이 크다.

바로 **무반응**이다.

내가 대답하면 시시하다는 표정으로 잠자코 자리에 앉는다. 말로는 "감사합니다." 하고 인사하지만, 형식적 예의에 지나지 않는다. 정말 묻고 싶은 질문이었다면 더 기뻐해도 될 텐데 말이다.

질문을 위한 질문을 했을 때 흔히 벌어지는 일이다. 차라리 질문을 안 했더라면 서로 간에 불만이 남지는 않았을 것이다. 그러니 억지로 하는 질문은 제발 삼가주었으면 한다.

그러면 어떤 질문이 반가울까? 그날 강의와 관련된 내용이 가장 좋다. 강의를 잘 들어주었다는 생각에 기쁘고, 더불어 내가 전달한 내용에 관한 질문이므로 답하는 보람을 느낀다.

"자료 ○쪽에 나온 대목을 여쭙고 싶습니다만……"

이런 말로 운을 떼면 질문을 받는 쪽에서도 귀를 활짝 열고 듣게 된다. 그리고 시간이 허락하는 한 성의 있게 대답해주게 된다. **기꺼이 대답할 마음이 드는 것이다.**

이런 질문을 하는 사람은 반응 또한 남다르다. 내 대답에 진심으로 수긍하는 표정을 짓고, 그 모습을 본 나도 뿌듯함을 느낀다.

많은 사람 앞에서 손을 들고 질문한다는 것은 그 자체만으로도 용기가 필요한, 멋진 일이다. 그러나 이왕 물어볼 생각이라면 더 좋은 방법으로 질문해야 한다. **질문을 위한 질문을 던**

지면 답변하는 사람도 '정말 묻고 싶은 질문이 아님'을 느끼게 된다. 좋은 인상을 주기는커녕 강연장 분위기까지 망쳐버릴 수 있으니 주의하자.

틀에 박힌 질문은 하지 마라

<요령이 없는 사람>

> 일은 잘되어가세요?

▼

<질문을 잘하는 사람>

> 최근에는 어떤 일을 하셨나요?

'틀에 박힌'에서 '틀'은 원래 가문의 문장(紋章)을 뜨는 물건을 가리킨다. 같은 형태를 여러 개 만들 수 있으므로 일정한 모양을 고집해 융통성이 없다는 뜻으로 쓰인다. 너무 틀에 박힌 질문을 받으면 지루해서 대답할 의욕마저 잃고 만다.

이와 관련해 인상 깊은 사건이 있다. 오래전 텔레비전으로 올림픽 경기를 보고 있을 때였다. 일본 수영선수가 가장 먼저 목표지점에 도착했다. 경기를 끝마친 선수에게 인터뷰가 이어졌다.

"정말 축하드립니다!"

"감사합니다."

"승리의 요인이 뭐라고 생각하세요?" (← 틀에 박힌 질문)

"직접 보고도 모르시겠습니까?"

"(머뭇거리며) 아, 바사로 말씀인가요?"

"그렇습니다."

그 선수는 바사로라는 전략적인 영법으로 승리를 거두었다. 경기를 본 사람이라면 누구나 알 만한 사실이었다. 그런데도 굳이 물어보자 '왜 그런 뻔한 질문을 하지' 싶어서 선수도 발끈한 것이다.

기자의 질문에 노골적으로 불쾌감을 드러내던 선수의 표정이 지금도 생생하다. 1위를 차지했으니 기뻐해야 하는 거 아닌가 싶었지만, 한편으로는 저런 시답잖은 질문을 받았으니 언짢을 만하다는 생각도 들었다.

내 짐작이지만 방송사마다 우승자에 대한 인터뷰 지침이 있고, 거기에 '승리의 요인 묻기'와 같은 항목이 들어있지 않나 싶다.

더불어 "어떤 포부로 임하실 생각인가요?"나 "이 승리를 누구에게 전하고 싶습니까?"도 자주 등장하는 틀에 박힌 질문의 전형이다. 틀에 박힌 질문을 하면 상대방이 불쾌해하거나 대답을 꺼리는 경우가 있으므로 조심해야 한다.

그 밖에도 틀에 박힌 질문이 자주 나오는 경우가 있다. 바로 회사 면접이다. 면접용 참고서가 시중에 다수 판매되고 있어 정형화된 대사가 남발한다. 수많은 지원자와 만나는 면접관은 같은 말을 여러 번 듣는 셈이다.

뿐만 아니라 "질문은 없으십니까?"라는 물음에 "야근은 얼마나 하나요?"라든가 "연수를 받으면 일에 도움이 되나요?"와 같은 질문이 돌아오면 면접관은 내심 못마땅할 것이다. '이 사람은 벌써 야근할 걱정이나 하고 있나' 싶을 것이므로 되레 나쁜 인상을 주고 만다.

어떤 상황에서건 어디서 따온 듯한 질문은 금물이다. 질문할 때는 **자기 생각을 자신의 말로 해야 한다는 것을 명심하자.**

갑자기 자신의 말로 하자니 난감할 수도 있겠지만, 앞으로는 '틀에 박힌 뻔한 질문은 하지 않겠다.'라고 마음먹기만 해도 큰 발전이다. 뻔한 말을 안 쓰다 보면 자연스레 자신의 말로 이야기할 수 있게 될 것이다.

■ 틀에 박힌 질문의 예

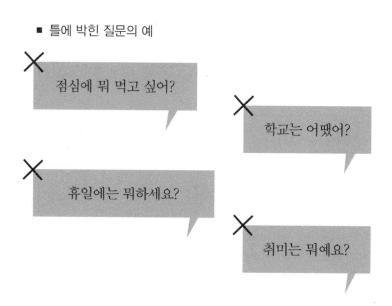

사전 준비로 엉뚱한 실수를 방지하라

<요령이 없는 사람>

- 지각한다.
- 사전 조사를 안 한다.
- 둘러대는 버릇이 있다.

<질문을 잘하는 사람>

준비가 철저하다.

'엉뚱한 질문'이라고 하면 고교 시절 들었던 심야 라디오 프로그램이 떠오른다. 진행자가 가수 요시다 다쿠로[*]였는데, 그의 열렬한 팬인 나는 그가 출연하는 프로그램은 무조건 본방 사수했다. 그의 노래는 물론이거니와 기이하다 싶을 만큼 자유롭게 살아가는 인품에 매료되어 있었기 때문이다.

어느 날 그의 프로그램에 초대 손님으로 한 여배우가 출연하게 되었다. 그가 동경한다고 공언한 여성이었다.

어떻게 되었을까?

생방송 중임에도 잔뜩 긴장한 그가 당시 여배우에게 던진, 너무나 엉뚱한 질문을 나는 지금도 기억한다.

"저, 으음, 어떤 과일을 좋아하시나요?"

"네? 과일이요?"

당시 고등학생인 내가 생각해도 라디오 프로그램에서 여배우에게 할 만한 질문은 아니었다. 그만큼 그가 어찌할 바를 몰라 했다는 뜻이다. 그 일로 나는 **제아무리 말솜씨가 좋은 사람이라도 긴장하면 무의미한 말을 한다**는 사실을 깨달았다.

그날 방송은 시종일관 어수선했는데, 그의 인간미를 알게 되어 나름 즐겁기도 했다.

어쨌거나 이렇게 웃음이라도 터지면 그나마 다행이다. 하지만 그렇지 않은 경우 난감한 상황이 벌어지고 만다. 가령 직장

---

[*] (1946~) 일본의 싱어송라이터이자 편곡가, 음악 프로듀서.

에서 엉뚱한 질문을 던지기라도 하면 상대방은 **'이 사람이 지금 무슨 말을 하는 거지?'**라며 나쁜 인상을 받을 수밖에 없다.

그렇다면 엉뚱한 질문을 하는 이유는 무엇일까? 대개는 자신이 엉뚱한 질문을 했다는 사실을 자각하고 있다. 말을 던진 후 **'아이고, 왜 그렇게 바보 같은 질문을 했을까' 하고 자책하기 마련이다.**

주된 원인은 긴장한 탓에 냉정한 판단력을 잃은 데 있다. 고객과 만나 긴장한 나머지 생각한 적도 없는 말이 튀어나와버린 영업사원처럼 말이다.

즉, 엉뚱한 질문을 하지 않으려면 무엇보다 냉정해져야 한다. 질문뿐 아니라 타인과의 소통에서 실패하는 것은 대개 냉정을 잃었을 때다. 긴장하거나 흥분하거나 마음이 초조해져서 평상심을 유지할 수 없는 상태라면 조심해야 한다.

나도 툭하면 긴장하는 성격이라 늘 조심한다. 요령은 상대에게 **사과해야 하는 상황을 만들지 않는 것이다.** 사람들과 만날 때 사과해야 하는 상황이 되면 냉정을 유지할 수 없기 때문이다.

예컨대 약속 시간에 늦으면 사과를 해야 하므로 **절대 늦지 않도록 한다.** 늘 일찌감치 도착해 여유롭게 기다리는 습관을 들이면 상대방과 만나고 나서도 긴장하지 않게 된다.

또한 회의를 진행할 때는 자료를 넉넉히 준비한다. 참석자가 예상외로 많을 경우 자료가 모자라서 죄송하다고 사과해야 하므로 그것을 미연에 방지하기 위해서다. **명함도 넉넉히 가지고 다닌다.**

이런 방법으로 긴장을 풀고 침착하게 이야기를 나눌 수 있는 상태를 유지한다.

당신이 늘 엉뚱한 질문을 하는 편이라면 침착해지도록 노력하는 것이 최우선이다. 평상심을 갖고 임하면 무의미한 질문은 나오지 않는다.

WHAT(무엇)으로 의욕을 이끌어내라

<요령이 없는 사람>

왜 그런 실수를 했지?

<질문을 잘하는 사람>

실수한 원인이 뭐라고 생각하나?

부하 직원을 육성하는 데 질문을 활용한다면 어떤 질문이 좋을까?

"왜 그런 실수를 했지?"

"어떻게 그런 것도 못하나?"

이처럼 실수를 저지른 부하 직원에게 이유를 추궁하는 경우를 흔히 볼 수 있다. 물론 그것도 나쁘다고만 볼 수는 없다. 어쨌거나 실수의 원인을 알고 그에 따라 대처할 수 있으니 말이다.

그러나 상사에게 이런 말을 들은 부하 직원의 심경은 어떨까? **완전히 위축되고 만다.** 실수를 범했다는 죄책감과 반성하는 마음으로 가득하다. 상사는 원인을 밝혀내겠다는 마음이 강하겠지만, 부하 직원은 추궁당하고 혼나는 느낌을 받는다. 이래서야 부하 직원을 키우기는커녕 **반대로 성장을 죽이는 꼴이다.**

같은 상황에서 던지는 질문에도 부하 직원을 키우는 질문이 있다.

"실수의 원인이 뭐라고 생각하나?"

"실패하는 이유가 뭐지?"

이것은 실수를 나무라는 것이 아니라 실수의 원인을 알아내려는 게 목적이다. **WHY(왜)가 아니라 WHAT(무엇)을 활용한 질문이다.** 미세한 차이지만 부하 직원이 받는 인상은 전혀 다르다.

그런 다음 미래에 대한 질문을 던진다.

"다음에는 어떻게 하면 잘되겠나?"

"성공적으로 하려면 어떻게 해야 할까?"

이렇게 질문하면 부하 직원은 고마운 마음이 든다. 자신의 성장을 생각해주는 존경할 만한 상사로 여길 것이다. 당연히 의욕도 생기고 긍정적인 마음을 갖게 된다. 이것이 **HOW(어떻게) 질문이다.**

과거에 대한 질문으로 시작한 덕분에 미래에 대한 질문의 효과가 살아난 셈이다.

의욕을 심어주는 질문은 한 가지 마음가짐만 있으면 금방 할 수 있다. 바로 **온전히 상대방 입장에서 바라보는 마음가짐**이다.

예컨대 상사가 "이런 실수를 해버리면 내 평가까지 떨어진단 말이야." 하며 자신의 입장만 생각하면 부하 직원은 그것을 대번에 감지한다.

'이 사람은 자신이 제일 중요하구나.'

이 사실을 깨달은 부하 직원에게 신뢰받기란 불가능하다. 오히려 상사를 경멸하는 눈으로 바라보게 된다.

반대로 "이번 실수를 경험으로 삼으면 큰 자산이 될 걸세."라며 부하 직원의 성장을 배려하면 부하 직원도 달리 받아들인다. **늘 자신을 생각해주는 상사에게는 존경심을 품기 마련이다.** 그러면 결과도 필연적으로 따라온다.

스스로에게 던지는 질문도 마찬가지다.

"어쩌다 이런 실수를 저지르고 말았지?"

"이유가 뭐였을까?"

"앞으로 같은 실수를 반복하지 않으려면 어떻게 해야 할까?"

이런 식의 자문자답은 자신의 성장에 밑거름이 된다.

4장

어떤 상황도
질문으로 돌파하라

공통점을 찾아라

핵심 공략!

상대방이 <u>알고 있을 만한 것</u>
동시에 내가 <u>관심을 갖고 있는 것</u>

앞 장까지는 질문의 기본을 설명했다. 다만 아무리 기본을 탄탄하게 쌓아도 실제로 적용할 상황은 천차만별이다. 질문하기 난감한 상황도 사람마다 다를 것이다. 그래서 이번 장에서는 상황별·상대방 유형별 질문법을 살펴보고자 한다.

먼저 일상 대화의 경우다. 사람들이 평소 나누는 대화를 주의 깊게 관찰해보면 **대부분 어떤 질문을 계기로 시작된다**는 것을 알 수 있다.

내 쪽에서 다루고 싶은 화제가 있다면 이런 질문으로 운을 뗀다.

"어제 개그 프로그램 봤어?"

상대방이 "봤다."고 하면 내가 하고 싶었던 이야기를 하면 된다.

"재미있지 않았어? 제법 수준도 있더라고! 특히 그 우승자는 진짜……."

이처럼 하고 싶은 이야기가 있을 때는 그 화제를 질문으로 던져서 상대방이 대답하면 말하는 방식을 흔히 쓴다. 일종의 허가를 받는 행동이다. 질문을 통해(예컨대 개그 프로그램에 대해) 말을 꺼내도 될지 허락을 받는 셈이다.

질문이 서투른 사람도 평소 이런 식의 대화는 자연스레 나누고 있을 것이다. 그러고 보면 질문이란 의외로 친숙한 것이다.

이렇듯 일상에서 잡담을 나눌 때는 질문으로 시작하는 것이 보통인데, 그럴 때 이루어지는 질문은 대부분 **'서로의 공통점을 찾는'** 역할을 한다.

"이번에 이사 온 ○○라는 사람 알아?"

"요새 화제가 되고 있는 ○○라는 책 읽었어?"

"한밤중에 지진이 났대, 알고 있었어?"

모두 "당신은 이 이야기를 알고 있습니까?"를 확인하는 질문이다.

새로운 화제를 꺼낼 때는 나만 알고 있는 내용보다 상대방도 알고 있는 이야깃거리가 나와야 대화가 길게 이어진다. 둘 다 알고 있는 만큼 이야기를 주고받기도 수월하고 대화도 무르익는다.

우리는 잡담을 나눌 때 대부분 무의식적으로 질문을 사용한다. 뭔가 물어봐야지, 하고 미리 준비하지 않는다. 질문 자체가 극히 자연스러운 행동이다.

그런데 잡담 같은 가벼운 대화가 서투른 사람은 '무슨 이야기를 해야 하지?' 하고 고민에 빠지는 경우가 많다. **내가 먼저 이야기를 꺼내야 한다는 선입견이 있어** 자신의 머릿속에서 화제를 찾으려는 경향이 있다. 그러다가 화제가 떠오르지 않으면 침묵이 흐르고 만다.

그런 사람에게는 '질문으로 대화를 시작하기'를 권한다. 여기서 질문의 목적은 자신과 상대방의 공통점을 발견하는 것이다. 상대방의 관점에서 그 사람이 알고 있을 만한 것, 동시에 나도 관심 있는 것에 대한 질문으로 대화를 시작해보라. 상대방의 주변 등 가까운 곳부터 관찰하는 것이다.

"그 가방 근사한데요. 꽤 비싸지 않아요?"

"이 주변에 맛집이 있나요?"

이런 질문을 주위 사람과의 소통에 활용해보자.

상대에게 선택권을 주어라

핵심 공략!

상대의 체면을 세우면서도
주도권은 내가 쥐고 있어야 한다.

비즈니스에서 이루어지는 대화에는 상담, 제안, 지시, 보고, 연락 등 다양한 종류가 있지만, 이 가운데 질문이 가장 빈번히 사용된다. 비즈니스 대화 대부분이 질문과 답변으로 구성된다고 해도 과언이 아니다.

이때 별 효과 없는 질문을 하는 사람이 있다. 질문할 때마다 상대방에게 휘둘리거나 자신이 불리한 상황에 놓이는 경우다.

고객을 언제 방문할지 정할 때를 예로 들어보자.

"언제쯤이 괜찮으신지요?"

상대방을 배려한다고 이런 식으로 묻곤 한다. 하지만 이 경우 **완전히 상대방의 편의만 맞추는 형국**이 되어 자신의 일에 차질이 생길 가능성이 있다.

"내일 14시로 하시지요."

"내일이요? 내일은 다른 일이 있어서요……. 다른 날은 어떠십니까?"

"그래요. 그럼 모레 16시는 어떤가요?"

"죄송합니다. 그날도 좀……."

이러면 상대방도 짜증이 난다. 차라리 가능한 날짜를 먼저 알려줄 것이지 뭐하는 짓인가 싶다.

비즈니스에서는 약속 등의 결정 사항을 얼마나 원만하게 처리하는가, 그 하나만으로 사람의 역량이 평가되기도 한다. 만날 날짜와 시간을 정할 때는 **상대방의 체면을 세우면서도 내가**

주도권을 쥐고 있어야 한다. 그럴 때 유용한 질문법이 있다.

"일정 말인데요, 4월 14일이나 16일 오전 혹은 17일 오후에 찾아뵐 수 있을 듯한데 어떠신지요?"

"그래요. 그럼 16일 오전이 좋겠군요."

"알겠습니다. 그럼 그때 뵙겠습니다."

이렇게 하면 결정도 순조롭고 상대방에게도 좋은 인상을 심어줄 수 있다. 상대방의 편의를 봐주는 것은 앞서와 같지만, 내쪽에서 2~3일 가능한 날짜를 제안함으로써 상대방도 결정하기가 한결 수월하다. 내가 갈 수 있는 시간으로 정해지니 업무에 차질도 발생하지 않는다.

이제 다른 상황을 살펴보자. 바쁜 상사와 상의할 일이 있는 경우다.

"저, 잠깐 시간 괜찮으신지요?"

이렇게 질문하면 대개 잘 풀리지 않는다.

"지금은 시간이 안 되는데, 나중에 하지."

이런 대답에 물러나기 십상이다. 그 후에도 말을 거는 족족 거절당해 마음은 마음대로 상하고 언제 만날지 기약할 수 없는 상황이 계속된다.

그럴 때는 질문을 바꿔보자.

"○○ 건으로 상의드릴 게 있는데, 오늘 15시 이후에 20분만 시간 내줄 수 있으신지요?"

시간의 범위는 내가 지정하고 나머지는 상대방이 선택하게 하는 방법이다. 앞서와 마찬가지로 주도권을 내가 쥐고 있기 때문에 상대방에게 무슨 사정이 있건 휘둘릴 일은 없다.

한창 바쁜 사람에게 시간을 달라고 묻는 방식 하나만 봐도 비즈니스맨으로서 받는 평가에 커다란 차이가 생긴다. 비즈니스에서 주도권을 쥐려면 내가 선택지를 제시하고 상대방이 선택하도록 질문해야 한다.

늘 '정말 그럴까?' 하고 의심하라

핵심 공략!

방관만 하지 말고
다른 시각도 고려하라.

어떤 부서는 매주 회의가 열리기도 한다. 내가 근무했던 회사에서도 월요일마다 회의가 있었다. 하지만 회의실에 앉아 가만히 듣고만 있자니 시간 낭비로 느껴져 회의 시간만 되면 다른 볼일을 핑계로 빠지곤 했다.

그런 나에게 어느 날 선배가 이런 말을 했다.

"나도 이런 쓸데없는 회의에 가기 싫거든. 근데 참석을 안 했다가 평상시에도 자유롭게 발언을 못하게 될까 봐 나가는 거야. 회사에서 정한 건 제대로 지켜. 그 다음에 하고 싶은 말을 하는 게 사회인으로서의 도리야. 그러니까 회의에 나오도록!"

회의에 빠지면 상사에게 혼나니까 나오라는 말이 아니라, 회사에서의 입지가 얼마나 중요한지 알려준 것이다. 늘 어떡하면 빠질까 궁리하던 나는 정신이 번쩍 났다.

내가 회의를 싫어한 데는 말주변도 없고 시선공포증까지 있어 사람들 앞에서 발언할 수 없다는 이유도 있었다. **다른 사람들의 이야기를 듣기만 하는 시간이 고통스러웠던 것**이다.

'방금 그 이야기, 더 자세히 듣고 싶은데. 하지만 물어보기가……'

회의 시간에 질문이 떠올라도 입 밖으로 내는 일은 없었다. 좌절감이 커지는 요인이기도 했다.

하지만 선배 말을 듣고 회의에 나가 새롭게 발견한 것이 있었다. 바로 질문을 잘하는 방법이었다.

사실 앞서 언급한 선배는 평소 말수가 없는 사람이었다. 회의 중에도 거의 말을 하지 않았다. 그런 그가 **가끔 입을 열면 모두가 감탄할 만한 예리한 질문이 나왔다.**

이번에도 그의 질문을 계기로 논의가 새로운 국면을 맞았다. 선배는 질문을 던진 후 활발하게 의견을 교환하는 참석자들을 조용히 지켜보고 있었다. 그 모습을 본 나는 부러운 마음이 들었다.

분위기를 180도 바꾸는, 그런 질문을 던질 수 있다면 얼마나 좋을까. 회의가 끝난 후 나는 선배에게 물었다.

"어떻게 하면 그렇게 예리한 질문을 할 수 있어요?"

솔직히 좋은 질문은 아니었지만, 선배는 친절하게 대답해주었다.

"요령은 일단 무슨 일이든 의심하고 보는 거야."

"의심이요?"

"그래. 당연한 일이라도 의심의 눈초리로 바라보는 거지. 원래부터 성격이 순수하지 않아서 늘 '정말 그럴까?' 하며 못 믿는 건지도 몰라."

"그렇군요. 예를 들면 어떤 식으로요?"

"방금 그 회의에서 의견이 모아지려다 말았지?"

"네. 여성 고객한테 잘 먹힐 기획안이라며 다들 흥분했지요."

"하지만 난 그 내용을 듣고 정말 괜찮을까 싶었거든."

"의심했군요?"

"맞아. 그래서 '여성 하나로 묶어버리는 건 좀 그렇지 않느냐'는 의견을 제시한 거지."

그 후 연령과 생활양식 등의 조건이 더해지며 한층 심도 있는 전략회의가 진행되었다.

회의 참석자 전원이 흥분하고 있을 때 냉정한 자세로 시각을 달리하면 예리한 질문을 던질 수 있다. 당사자에게는 회의에 참여한다는 기쁨을 주고, 무엇보다 회의 내용이 깊어진다는 점에서 중요하다.

정말 그럴까? 그것만으로 괜찮을까? 다른 시각은 없을까?

이런 관점으로 회의에 임해야 좋은 질문의 실마리가 잡힌다.

명함을 활용하라

핵심 공략!

받자마자 테이블에 놓지 말고
이름, 회사명, 주소 등을
찬찬히 들여다보라.

파티를 불편해하는 사람이 의외로 많다. 나도 그중 한 사람이다. 누군가와 대화를 나누지 않으면 시간을 보낼 수 없다는 생각 때문이다. 말없이 혼자 서 있기만 해도 죄책감이 든다. 말을 건네지 않으면 안 된다는 생각에 늘 초조함과 긴장감이 나를 옥죄어온다.

물론 인맥을 넓히거나 식견을 키울 수 있다는 장점도 있지만, 그러려면 우선 모르는 사람과 대화를 나눠야 한다. 그럴 때 대화의 계기로 쓸 만한 것이 '명함'이다.

비즈니스 자리에서는 처음 만나는 사람과 인사를 나눌 때 제일 먼저 명함을 교환한다. 사실 무척 고마운 관례다. 평소 같으면 말을 걸 생각도 안 했을 상대(신분 차이가 나거나 성격이 안 맞는다는 이유로)라 해도 명함을 건네면 대개는 응해주기 때문이다.

나는 상대방에게 명함을 받으면 반드시 취하는 행동이 있다. 바로 **받은 명함을 찬찬히 들여다보는 것**이다. 그리고 질문을 던진다.

"이건 뭐라고 읽나요?"

상대방의 이름을 대번에 읽지 못할 때 하는 질문이다. 간혹 어려운 한자로 돼있거나 읽는 법을 알 수 없는 이름이 있는데, 그런 사람에게 명함을 받으면 반드시 물어본다. 대화로 이어지기 때문이다.

"이건 ○○○라고 읽습니다."

"그렇군요. 읽기가 어렵네요."

"네, 한 번에 맞게 읽는 사람이 없더라고요."(웃음)

누구나 자기 이름에는 나름대로 각별한 애정이 있다. 그것을 화제 삼아 질문을 던지면 처음 보는 사람과도 말문을 틀 수 있다.

읽기 어려운 이름을 지녔다면 자신의 이름에 대해 궁금해해주기를 바라는 게 보통이다. 즉, 물어봐주기를 원한다. 그래서 질문을 받으면 기다렸다는 듯이 말해준다.

나는 **어려운 이름이 적힌 명함을 건네받으면 내심 쾌재를 부른다.** 처음 보는 사람과 어떻게 말문을 틀지 고민하지 않아도 되기 때문이다.

이름뿐만 아니라 회사명과 주소 등도 질문거리가 된다.

"회사 이름이 특이하네요. 무슨 뜻인가요?"

"여기 있는 주소 말인데요, 혹시 제일 가까운 역이 스이도바시인가요?"

때로는 명함 뒷면에 사업 내용과 개인 프로필을 기재한 사람도 있다. 그것과 관련해 질문을 하는 것도 좋다.

"일본 제일의 무선 조정 자동차라니 굉장한데요."

"어, 보디빌딩 대회에 나가셨어요?"

이처럼 **손바닥만 한 명함 한 장에는 무수한 질문거리가 담겨**

있다.

그러니 명함을 받으면 먼저 찬찬히 관찰하자. 보고 있는 동안은 말이 없어도 괜찮다. 상대방 입장에서 봐도 자신의 명함을 흥미 있게 봐주는 사람에게 나쁜 감정이 생길 리 없다.

간혹 건네받은 명함을 제대로 보지도 않고 바로 집어넣는 사람이 있는데, 굉장히 안타까운 일이다. 모처럼 찾아온 좋은 기회를 놓치는 셈이니까.

파티처럼 모르는 사람이 많은 곳에서는 명함을 활용한 질문으로 대화를 시작해보자.

근황을 확인하는 자리로 여겨라

핵심 공략!

적극적으로 참여하지는 않아도
묵묵히 관망하는 사람을 찾아
근황을 물어라.

회사 같은 조직에서 일하다 보면 부서 회식이 종종 있다. 신년회와 송년회, 신입사원 환영회와 송별회 등 온갖 구실을 붙여 모이곤 한다. 애주가들은 반기겠지만, 술을 별로 좋아하지 않는 사람에게는 고통스러운 자리일 수 있다. 또한 술을 잘 마시고 못 마시고를 떠나서 많은 사람이 모인 술자리 자체가 불편한 사람도 있다.

참고로 나는 술을 못 마시는 데다 술자리 자체가 불편한 사람이다. 기본적으로 **목소리가 크지 않아 시끌벅적한 곳에서는 대화 자체가 불가능하다.** 하긴, 많은 사람이 모인 회식자리에서 모두가 조용히 앉아있는 것도 어찌 보면 부자연스럽다. 어쨌거나 단체 회식은 내 성격과 안 맞는다.

하지만 직장생활을 하다 보면 어쩔 수 없이 참석해야 할 자리도 있다. 그럴 때 나는 늘 구석진 곳에 조용히 앉아 있곤 했다. 그런데 이처럼 마지못해 참석하면 주위 사람에게도 폐가 되지만 무엇보다 나 자신이 괴롭다.

결국 나는 회식에 참석하는 의미를 스스로 부여하기로 했다. 의미라고는 했지만 그리 대단한 건 아니다. 회식 자리를 다른 직원의 근황을 확인하는 자리로 여기고 임하기로 한 것이다. 동료들끼리의 모임에서도 별로 이야기를 주고받지 않는 사람이 있다. 그런 사람과 정보를 교환하는 장으로 여기기로 한 것이다.

타깃은 여럿이서 왁자지껄 떠들고 있는 사람이 아니라, **나와 마찬가지로 조용하게 바라만 보고 있는 부류다.** 술자리는 어느 정도 시간이 흐르면 떠들썩한 파와 묵묵히 관망하는 파로 나뉘므로 적당한 시기를 엿보다가 자리를 옮긴다.

"안녕하세요. 옆자리에 앉아도 될까요?"

평소 거의 대화한 적이 없는 사람 옆에 앉는다. 웬만큼 미움을 산 게 아니라면 싫다는 대답은 안 할 것이다. 그런 다음 질문을 던진다.

"요즘은 어떤 일 하세요?"

이 질문은 그 사람과의 친분에 따라 달라진다. 더 가까운 사이라면 이렇게 물어본다.

"요새 바빠 보이던데, 그 일 때문이에요?"

상대방이 하는 일을 어느 정도 알고 있다면 그것에 대해 질문한다. 어느 쪽이건 그 사람의 업무 근황을 묻기 위한 질문이다. 업무와 관련된 화제는 사내는 물론 타사 사람들과의 회식에서도 써먹을 수 있다.

그렇다고 깊은 대화를 나누라는 것은 아니다. 업무상 고민 등은 다른 자리에서 묻는 편이 적당하니 **여기서는 근황까지만 묻는 정도로 해둔다.**

"마침 M사 경합 건을 진행하고 있었거든요. 그래서 요즘 좀 바빴어요."

"그랬군요. 벌써 일단락되었나요?"

"네, 어제 끝났어요. 이제 결과만 기다리면 돼요."

"잘됐으면 좋겠네요. 다음에 그 발표 자료 좀 보여주세요. 저희 쪽에서도 참고하려고요."

평소 거의 이야기를 나눈 적이 없는 사람과 이런 식으로 대화를 나누면 실제 업무에도 도움이 된다.

회식 자리에서 업무 이야기가 웬 말이냐는 사람도 있겠지만, 어디까지나 근황을 확인하는 것이므로 신경 쓰지 않아도 된다. 적극적인 자세로 불편한 회식을 극복하는 게 목적이니 말이다. 적어도 마지못해 참석하는 것보다는 훨씬 의미 있는 시간을 보낼 수 있다.

업무 근황을 묻는 질문을 활용하면 다소 서먹서먹한 사람과도 대화를 나눌 수 있게 된다.

경계심을 풀어라

핵심 공략!

> 웬만하면 거짓말하기 싫어하는
> 사람의 심리를 이용하라.

이 세상의 영업사원이 가장 알고 싶어 하는 것, 그것은 고객 니즈다. 영업은 상품과 서비스가 팔릴 가능성을 파악하는 데서 시작하기 때문이다. 공교롭게도 그런 영업사원의 속마음과는 반대로 고객이 가장 알려주고 싶어 하지 않는 것 또한 니즈다.

"귀사에서 앞으로 이런 상품을 도입할 계획이 있습니까?"

"없습니다."

전국의 영업 현장에서 흔히 볼 수 있는 대화다. 생각해보면 당연한 일이다. 앞으로 구매할 계획이 있다고 대답해버리면 **그 자리에서 판매 공세를 펼칠 것이 뻔하므로 고객은 순순히 예스라는 답을 내놓지 않는다.** 실제로는 구매할 계획이 있는데도 노라고 답하는 경우도 많다.

그럴 때 필요한 것이 듣기 기술이다. 고객이 '속내'를 털어놓도록 질문하지 않으면 팔리지 않는 시대가 되었다.

나는 영업사원 연수 같은 곳에 가면 고객에게 이렇게 질문하라고 가르친다.

"지금까지 이런 상품을 쓴 적 있습니까?"

"네, 전에 써봤습니다."

"그렇군요. 지금도 쓰고 있나요?"

"아니요, 안 쓰는데요."

"어, 왜죠?"

"유지비용이 좀 많이 들더라고요."

"그랬군요. 그럼 유지비용이 적게 들면 앞으로도 쓸 생각인
가요?"

"음, 저렴하면 또 써보고 싶습니다."

이는 2장에서 설명한 과거에 대한 질문을 응용한 것이다. 사
실 영업사원에게도 과거부터 물어보는 방식이 대단히 효과적
이다.

고객은 대개 **영업사원에게 경계심을 갖고 있다.** 조금이라도
틈을 보이면 끈질기게 구매를 권유하는 데다 자칫 잘못하다간
속는 경우도 있어 어지간하면 마음을 열어주지 않는다. 그러니
앞으로 구매할 계획이 있냐고 갑작스레 물어봤자 솔직한 대답
이 돌아오지 않는다.

그럴 때는 과거에 대한 질문부터 시작하기를 권한다. 과거에
대해 말한다고 해서 구매를 권유당할 염려는 없으므로 고객도
안심하고 사실을 털어놓는다.

게다가 과거의 일은 사실이므로 거짓말을 하면 들키기가 쉽
다. **사람은 본래 거짓말하기를 싫어하는 경향**이 있으므로 영업
사원이 과거에 대해 물어보면 대부분 솔직하게 대답해준다.

그런 다음 현재에 대한 질문을 거쳐 미래에 대해 물어본다.

"사실 이 상품은 기존 상품과 성능은 같고 유지비용은 크게
줄인 겁니다. 관심 있으신가요?"

"그런 건 관심 있어요. 자세히 알고 싶네요."

과거에 대한 질문을 하고 나서 현재에 대해 물어보면 그 차이를 알 수 있다. 여기서는 유지비용이 비싸 사용을 중단했다는 정보를 알아냈다. 이것이 바로 과거부터 물어봐야 하는 까닭이다. 이 영업사원은 이렇게 해서 **상대방의 니즈(적은 유지비용)를 파악해 자신의 상품을 제안하는 데 성공했다.**

영업 현장에서는 조급한 마음에 미래에 대한 질문부터 들어가기 십상이다. 그럴 때 침착하게 과거에 대한 질문부터 시작하면 고객의 반응이 180도 바뀔 것이다.

생각할 여지를 남겨라

핵심 공략!

일방적인 <u>지시</u>는 그만,
상대방 의견을 듣고 <u>상의</u>하라.

다른 사람을 가르치는 것은 쉬운 일이 아니다. 하지만 회사에 들어가 일정 기간 근무하면 부하 직원이 생기게 마련이고, 자연스레 그들을 교육하고 지도하는 역할을 맡게 된다. 교육 방법을 따로 배우지 않은 사람이 업무 경험이 있다는 사실만으로 가르치는 입장이 되는 것이다. 이럴 때 혼란을 느끼는 사람이 적지 않다.

나도 디자인 회사를 경영할 당시 사원이 10명 남짓 있었기 때문에 부하 직원을 둔 사람의 고충을 잘 알고 있다. 특히 나는 어려서부터 친구들과 어울리기보다는 혼자서 노는 일이 많았기 때문에 **단체를 통솔한 경험이 전무했다.**

그래서 초창기에는 방향을 잡지 못해 실수를 많이 했다.

"이 부분 수정 좀 해줬으면 하는데, 시간 괜찮을까?"

너무 배려한 나머지 오히려 부하 직원이 불편해 하기도 했다. 그래서 고압적인 자세로 대해보았다.

"이거, 내일까지 해놔!"

부하 직원을 제대로 대하지 못할 때마다 스트레스가 쌓이곤 했다. 이래서는 곤란했다.

"이 부분에 오류가 있더군."

"그랬나요. 죄송합니다."

"아니야, 최종 점검 때 놓친 내 잘못이기도 하니까. 그런데 말이야, 앞으로 이런 오류가 생기지 않았으면 하는데, 어떻게 하면 좋을까?”

예전에는 부하 직원의 실수를 나무라기만 했다. 하지만 그렇게 하니 비슷한 실수가 계속해서 나왔다. 그래서 질문을 달리해보기로 했다. 일방통행인 '**지시**'에서 양방향인 '**상의**'로 바꾼 것이다.

내 의견을 밀어붙이지 않고 부하 직원의 의견과 판단을 듣고 함께 고민했다. 상사인 내가 이렇게 하는 편이 낫다고 일방적으로 말하면 대화는 거기서 끝나버린다. 그러나 **부하 직원의 의견을 듣는 자세를 취하면 그때부터 대화가 시작된다.** 효과는 탁월했다.

일방적 지시와 달리, 상의를 하면 상대에게 생각할 여지를 줄 수 있다. 두 사람 다 인간으로서 나름의 생각을 갖고 있다. 그것을 표출할 수 있게 해준 질문이 바로 “어떻게 하면 좋을까?”였다.

이런 일도 있었다. 영 의욕이 없어 보이는 부하 직원이 있었는데, 일처리도 애매했다. 하루는 그에게 질문을 던졌다.

“우리 회사에 입사할 때 독립하는 게 꿈이라고 했지?”

“네……..”

“가망이 있어 보이나?”

“아니요, 아직이요.”

“뭔가 부족해?”

"네, 기술이 턱없이 부족하다고 생각합니다."

"그렇군. 그럼 그걸 어떻게 향상시킬 생각인가?"

"지금 하는 업무의 정밀도를 높이면…… 되지 않을까요."

"음, 나도 그렇게 생각하네. 그럼 힘내라고."

그 후 그는 주어진 업무를 완벽하게 처리했을 뿐 아니라 자신의 미래를 위해 일하는 사람이 되었다. **업무 방향을 자신이 꿈꾸는 미래로 설정해 스스로 의욕을 불태우게 된 것**이다.

현재의 업무를 통해 미래에 어떻게 되고 싶은가, 이 질문이 부하 직원 육성에 효과적이다.

대화할 명분을 만들어라

핵심 공략!

환심을 사려 하지 않아도
타인과 가까워질 수 있다.

안타깝게도 조직 안에서는 상사를 고를 수 없다. 그러나 어떤 상사를 만나는가에 따라 회사생활은 크게 달라진다. 최악의 경우는 싫은 상사가 당첨되었을 때다.

양쪽 다 사람이니 저마다 호불호가 있기 마련이다. 대하기 어려운 사람과 일을 할 수도 있다. 살면서 가끔 보는 사람이라면 잠깐 참으면 되지만, 매일 얼굴을 마주봐야 하는 상사일 경우 회사생활이 무척 고달파진다.

나도 회사에 다니던 시절에 어려워하는 상사가 있었다. 내 성격상 어려워하는 유형이 많은 편이라 당첨될 확률도 크지 않았나 싶다. **상사의 비위를 맞추기 싫었던 나는 환심을 사려는 행동도 하지 않았다.**

무엇보다 그 상사는 자신의 체면을 세워주는 직원을 예뻐하는 성향이 강했다. 업무 능력보다는 자기를 받들어주는 사람을 가까이 두었다. 인사평가에도 편애의 감정이 반영돼 나는 늘 최하위였다.

그러자 싫은 감정이 더 심해져 평상시에 말도 붙이지 않고 인사도 제대로 하지 않게 되었다. 함께 있을 만한 자리는 되도록 피했기 때문에 얼굴을 마주칠 일도 없었다.

그러다 보니 일에 지장이 생기는 상황이 벌어지기도 했다. 최소한의 연락과 보고만 하다 보니 의사소통은 갈수록 적어졌고, 실수를 범해 고객에게 폐를 끼치기도 했다.

결국 사사로운 감정 때문에 일에 지장을 주면 안 되겠다는 생각에 이르렀다. 내가 먼저 다가가기로 한 것이다.

"저, 잠시 여쭤볼 게 있는데요. 부장님은 가끔 시가를 피우시지요?"

"그래."

"언제부터 피우셨습니까?"

"아마 10년쯤 됐을걸. 그건 왜?"

"10년이나요?! 그럼 잘 아시겠네요. 사실 고객 중에 취미로 시가를 태우는 분이 있는데, 그분과 이야기를 나눠보고 싶어서요."

"그랬군. 나야, 보통 사람보단 많이 알고 있지."

"애호가가 반길 만한 이야기가 있다면 듣고 싶습니다."

이렇게 시작된 이야기는 끝도 없이 계속되었다. 부장도 점점 신이 나는지 기분이 좋아 보였다. 역시 상대방이 직접 이야기하게 하는 효과는 탁월했다.

상대방의 말문을 여는 데는 그 사람이 알고 있거나 흥미를 느끼는 것을 물어보는 게 가장 좋다. 나는 부장이 시가를 즐긴다는 사실을 알고 있었다. 그것을 '일에 도움이 된다.'는 명분으로 캐물은 것이다.

단, 이때 주의할 점이 있다. 시가에 대해 평소 접점이 없는 내가 물어보면 상사는 이상하게 생각한다. '이 녀석이 나한테 아부하려고 하나……' 하고 경계하기 마련이다. 그런데 **업무를**

위해 듣고 싶다고 하면 마음을 열어준다.

나도 업무상 필요한 일이라고 마음을 단단히 먹은 덕분에 싫은 사람의 이야기를 경청할 수 있었다. 그리고 이날을 기점으로 나와 부장은 업무 소통에 아무런 불편을 느끼지 않게 되었다.

싫은 사람, 마음이 안 맞는 사람과는 아예 소통할 시도조차 하지 않으므로 그만큼 접촉 빈도가 떨어진다. 당연히 대화도 거의 없다. 이 경우 일이 제대로 돌아가지 않고, 무엇보다 스트레스가 쌓인다.

그러므로 어려워하는 상사가 있다면 가급적 그 사람이 말문을 열 만한 질문을 활용해 최소한이라도 소통하기를 권한다.

변화에 WHY(왜?)를 품어라

핵심 공략!

> 상대의 이야기 속에서
> <u>독특한 취향</u>을 포착해 파고들어라.

학창 시절 소심한데다 극심한 시선공포증이 있었던 나는 여자와 말을 잘 못했다. 물론 남들처럼 좋아하는 사람도 있었고 그 사람과 데이트를 하고 싶다는 바람도 있었다.

그러나 **함께 있을 때 무슨 말을 해야 할지 모르겠다는 공포심**이 늘 나를 주저하게 만들었다. 그녀가 데이트 제안에 응했다고 하자. 승낙받은 것으로 끝이 아니다. 실제로 데이트를 하면서 호감을 주지 않으면 의미가 없다. 이때 미움받을 짓이라도 저질러버리면 그야말로 최악이다.

"저기, 그 옷 잘 어울린다."

"그래? 좀 밋밋하지 않아?"

"아니, 전혀. 화려한 편은 아니지만 밋밋하지도 않아!"

"그럼 화려한 게 더 나아?"

"아니, 그런 뜻이 아니라 화려해도 좋지만 밋밋해도 나쁘지 않아. 그러니까 밋밋하지도 않고 화려하지도 않고 뭐랄까, 평범해. 아, 평범하다는 말도 좀 그러네. 내가 대체 무슨 말을 하는 거야. 너무 횡설수설했지."

"……"

너무 당황한 나머지 **이야기를 할수록 수렁에 빠진다.** 나는 이런 쓰디쓴 경험을 몇 번이나 해봤다. 한 번으로 끝난 데이트가 태반이었다.

이후 나는 질문으로 대화를 여는 방법을 찾았다. 대화가 이어지는 것은 물론 **상대방에게 자연스레 호감을 표시할 수 있는 일석이조의 질문**이었다.

"근데 요새 무슨 책 읽고 있어?"

"책? 요즘엔 거의 안 읽었는데."

"하긴, 읽을 시간도 별로 없지."

"책은 원래 좋아하는데, 시간이 안 나네."

"아무래도 그렇지. 그럼 예전엔 어떤 책 봤어?"

"중학교 땐 미스터리에 빠졌었어."

"그래? 꽤 많이 읽었나 보네."

"어느 정도 읽었지. 그런데 고등학생 때 바뀌었어."

"왜?"

"친구 덕분에 역사 소설을 읽기 시작했는데 무지무지 재미있더라고."

"아, 그랬구나. 나도 역사물 좋아하는데. 어떤 게 좋았어?"

이처럼 상대방의 관심사에 대해 계속 질문하면 대화가 한결 풍성해진다.

이 질문의 핵심은 상대방의 경험 한 가지를 두고 과거부터 순서대로 물어보는 것이다. 여기서는 독서를 예로 들었지만 음악이나 스포츠, 좋아하는 영화도 괜찮다. 이때 두 사람 다 좋아하는 장르를 다루어야 대화를 주고받기 수월하다.

관심사란 때에 따라 변하기도 한다. **그 변화를 포착해 "왜?"**

라는 의문을 품으면 그 사람만의 독특한 취향이 보인다.

자신의 취향이나 소중한 것을 흥미진진하게 들어주는 사람에게는 좋은 감정이 생기는 법이다. 다시 말해 그만큼 호감을 어필할 수 있다.

관심사를 물어보는 요령은 WHY(왜?)를 사용하는 것이다. 왜 그랬느냐는 관점으로 묻다 보면 질문이 꼬리에 꼬리를 문다. 상대방에게 호감을 전하고 싶다면 분야를 하나 정해 관심사를 계속 파고드는 질문을 던지기를 권한다.

배우는 자세로 들어라

핵심 공략!

연배가 높은 사람을
기쁘게 하라.
강연회 같은 곳에서는
전원이 공감하는 내용을 물어라.

단지
이것뿐!

대화가 도무지 통하지 않는 상대를 만난 적이 있을 것이다. 특히 상대방과 나이 차가 많이 날 때 흔히 겪는 일이다. 지식의 양부터 생활환경, 업무 분야까지 다른 경우 공통된 이야깃거리를 찾기조차 어려울 때가 있다.

그중에서도 소위 '선생님'이라 불리는 분들은 그런 성향이 강하다. 뭐든지 열심히 공부하는 데다 지기 싫어하는 성격이 대부분이라 여느 사람보다 박식하고 경험도 풍부하다. 대중 앞에서 말하는 데도 능숙해 **주위에서 치켜세워주다 보니 으스대기도 한다.**

간혹 나도 선생님이라 불릴 때가 있는데, 책을 쓰는 사람이라서 그렇다고 여길 뿐 으스댈 생각 따위는 요만큼도 없다. 진심이다.

본론으로 돌아와서, 자신만만하고 으스대는 사람에게는 말 걸기조차 버거운데 질문을 하자니 더욱 부담스럽다. 본디 질문이란 상대가 대답한다는 전제가 깔려있으므로 상대방이 시간을 내어주는 행위인 셈이다. 가뜩이나 바빠 보이는 사람에게는 질문하기가 어렵다는 것도 수긍이 가는 대목이다.

그런 상대에게는 그 사람이 **기꺼이 대답해줄 만한 질문을 하는 게 최선이다.** 내가 궁금한 것보다는 상대방이 할 대답을 먼저 생각한 질문이 되겠다. 질문이란 내가 알고 싶은 내용을 묻는 것이 전제이지만, 시야를 넓혀 의사소통 수단이라고 여기면 된다. 이것이 으스대는 사람과 소통할 때 세우는 전략이다.

이를테면 강연회 같은 곳에서는 대개 마지막에 질문 시간이 있다. 이때 효과적인 질문을 하면 좋다. 우선은 **수많은 청중 앞에서 강연자가 무엇을 이야기하고 싶어 할까를 생각해야 한다.** 강연자가 자신만만하고 으스대는 사람이라면 아무래도 자신에게 불리한 말은 안 하려고 들 것이다.

"실수담을 듣고 싶습니다."

"아까 하신 말씀은 사실과 좀 다른 것 같은데요, 근거가 뭔가요?"

이렇듯 부정적 요인을 묻거나 반론을 제기하는 질문은 상대방 기분을 상하게 하므로 피해야 한다.

그런 사람이 원하는 질문은 바로 '가르침'이다.

"오늘 말씀하신 내용을 저 자신에게 적용해보고 싶은데, ○○○ 같은 상황에 처했을 때 선생님은 어떻게 하실지 궁금합니다."

"오늘 강연을 활용해보고 싶은데요, 바로 실천할 수 있는 방법을 하나 알려주십시오."

이와 같이 그날 들은 내용과 관련해 가르침을 얻고자 질문하면 자신만만한 사람은 흔쾌히 대답해준다. 참석자 전원에게 새로운 가르침을 줄 수 있기 때문이다.

회식 자리에서도 마찬가지다. 으스대는 사람에게 가르쳐달라는 질문을 하면 그 사람은 당신뿐 아니라 주위에서 듣고 있는 사람에게도 이야기할 수 있어 더 기분 좋게 말할 것이다. 질문 **내용은 개인적인 것보다는 모두가 공감할 수 있는 것이 낫다.**

그런 질문을 던진 사람은 대단히 좋은 인상으로 남을 것이다. 누구인지 기억할 뿐 아니라 큰 일거리나 만남의 기회로 이어질 가능성도 있다. 이처럼 질문을 적재적소에 활용하면 자기 홍보(PR)에도 도움이 된다.

대답을 차분히 기다려라

핵심 공략!

상대방의 이야기에
<u>속도를 맞춰라.</u>

이 세상에는 말주변이 있는 사람과 없는 사람이 있다. 말주변이 없는 사람에도 다양한 부류가 있다. 선천적으로 발음이 나쁜 사람이 있는가 하면 시선공포증 때문에 긴장해서 할 말이 떠오르지 않는 사람도 있다. 나도 그중 한 명이었기에 말솜씨가 없는 사람의 마음을 잘 안다.

게다가 나 같은 경우 성격 문제도 있다. 남들에게 안 좋게 비치기 싫다는 욕구가 강해 누군가에게 폐 끼치는 것을 극도로 꺼린다. 그래서 입을 열 때도 신중해진다.

"저어, 그건요……. (뭐라고 답해야 하지. 이 사람이 기대하는 대답이 좋을까, 아니면 내 본심을 이야기하는 게 좋을까. 시간을 두고 말을 고르는 편이 나을지도 몰라. 아, 그렇다고 오래 기다리게 하기도 미안한데……)"

입을 열기 전부터 머릿속으로 열심히 이런 생각을 한다. 얼굴만 보면 계속 무표정이라 아무 생각도 없는 것처럼 보인다. 그러면 상대 쪽에서 "아, 딱히 없으면 됐습니다." 하고 먼저 말할 때가 많았다. 이리저리 생각을 굴리던 나는 중간에 흐름이 끊긴 탓에 언짢아지곤 했다. 하지만 상대방이 그런 사실을 알 턱이 없다. 그것을 이해해주기 바라는 것은 무리다.

이럴 때 **권하고 싶은 것이 속도 맞추기다.** 상대방이 말하는 속도에 맞춰 응수하는 소통 기법이다. 나처럼 느리게 말하는 사람을 재촉하지 않고 차분히 기다려주는 방식이다.

질문에 바로 대답하지 않는 이유는 답변이 떠오르지 않아서
가 아니다. 그 사람이 생각하는 속도가 느려서일 뿐이다. 그 사
실을 알지 못한 채 중간에 끊어버리면 사고는 물론 말까지 정
지하고 만다. 그러면 소통 자체가 이루어지지 않는다.

"여기에 대해 의견을 말씀해주세요."

"……." (숙고 중)

"……." (상대방의 속도에 맞추어 차분히 기다린다)

"이건 말이지요, ○○○라고 생각합니다."

이처럼 질문해도 바로 대답해주지 않는 사람을 상대할 때는
사고를 중단하지 않도록 잠자코 기다려주자. 더불어 "천천히
생각하세요. 느긋하게 기다릴 테니까요." 하는 자세를 취해야
한다.

그런데 여기서 걱정되는 점은 없는가? 상대의 느린 속도에
계속 맞추다 보면 내가 괴롭지 않을까 하는 걱정 말이다. 하지
만 걱정할 필요가 전혀 없다.

말주변이 없는 사람은 처음에는 상대방의 반응을 경계해 굉
장히 신중한 자세로 나오지만, **상대방이 차분하게 자신의 말을
들어주는 성격임을 알고부터는 안심을 하면서 말하는 속도가
조금씩 빨라진다.** 그리고 말수도 늘어난다. 소통이 잘되고 있
다는 증거다.

다시 강조하지만 요령은 차분하게 기다리는 것이다. 그것뿐

이다. 그런데 기다리기가 의외로 어려워서 자꾸만 참견이 하고 싶어진다.

그 충동을 억누를 수만 있다면 그 후의 효과를 실감하게 될 것이다. 그러니 처음에 잠깐이라도 참고 기다려주기 바란다.

칭찬할 점을 찾아라

핵심 공략!

결과만 보고 판단하지 말고
<u>과정이 어땠는가</u>를 눈여겨보라.

초등학생 시절 나는 무척이나 눈에 띄지 않는 아이였다. 공부도 운동도 평균 수준에다 얌전한 성격에 취미나 특기도 없어 다른 아이들과 비교하면 별다른 특징이 없었다. 못된 짓을 하거나 장난을 치지도 않았지만 남에게 자랑할 만한 일을 한 적도 없다.

나는 누군가에게 칭찬을 받은 기억이 별로 없다. 그보다는 혼난 기억이 훨씬 많다. 성격 탓일 수도 있는데, 그래서 나는 내 장점보다는 단점을 의식하는 경향이 강했다. 남의 시선만 신경 쓰고 평균 수준보다 뒤떨어지면 바로 고치려 들었다. 자신감이 전혀 없는 아이였던 것이다.

여기서 당시 선생님의 입장을 생각해보자. 선생님의 눈에는 분명 내가 **상당히 말을 걸기 어려운 존재였을 것**이다. 못된 행동은 안 하니 나무랄 수는 없고, 좋은 일도 안 하니 칭찬할 수도 없다. 물론 내 쪽에서 선생님에게 말을 거는 일도 없다. 가끔 선생님이 말을 걸어도 대답만 간신히 할 뿐이다.

결과적으로 대화를 거의 할 수 없었을 것이다. 나보다 훨씬 말 걸기가 편한 아이들이 많았으니 그쪽에 관심이 가는 게 당연하다.

내 상상이지만, 선생님은 나를 칭찬하고 싶지 않았을까? 늘 자신감이 없어 보이는 나에게 힘을 주고 싶지 않았을까?

하지만 그런 일은 일어나지 않았고, 있을 수도 없었다. '어떤

점을 칭찬해야 할지 모르기' 때문이다. **칭찬할 구석이 보이지 않으면 칭찬할 방법이 없다.**

만약 당신이 상사고 부하 직원 중에 나처럼 자신감이 없는 사람이 있다면 어떻게 하겠는가. 이를테면 영업 실적이 저조한 부하 직원이 있다고 하자. 얘기를 하고 싶은데 무슨 말을 해야 할지 떠오르지 않는다. 차일피일 미루다 보니 일은 함께하되 대화 없는 상태가 지속된다. 솔직히 친해지기 어려운 존재다. 가끔 말을 걸기는 하지만 으레 나무랄 때나 주의를 줄 때뿐이다.

다행히도 그런 부하 직원에게 효과적인 소통법이 있다. 바로 **업무 프로세스 질문하기**다.

"오늘 고객은 어땠나?"

"오늘도 안 됐습니다."

여기서 "그럼 내일도 힘내라고." 하며 끝내지 말고 과정을 물어보라.

"그랬군. 어떤 분위기였는지 처음부터 자세히 말해보게."

"네. 처음엔 현관에 큰 장식품이 있기에 그걸 화제로 삼았더니 그분이 기분 좋게 이야기해주더군요."

"그래? 괜찮은데! 상대방이 먼저 말하게 한 건 아주 잘했어. 장식품을 활용하다니, 대단한데!"

"감사합니다! 그래서 저도 말하기가 편해져서 곧장 상품 설명으로 들어갔습니다."

"흠, 그럼 듣기를 제대로 안 했군."

"맞습니다. 깜빡했습니다."

"실적이 저조한 이유는 그것 때문일지도 몰라. 내일부터는 듣기를 염두에 두고 영업해보라고."

결과뿐 아니라 과정에 대한 질문을 던져서 칭찬할 점을 찾는 데 성공했다. 이처럼 한 가지라도 인정하고 칭찬함으로써 평소 자신감이 없거나 칭찬을 잘 받지 못하는 사람에게도 유용한 조언을 해줄 수 있다.

이제부터는 과정을 물어보자.

가상으로 대화하라

핵심 공략!

많은 청중 앞에서
질문을 던진 후
천천히 뜸을 들여라.

나는 사람들 앞에서 말하는 데 유난히 서툴렀다. 워낙 말주변이 없고 시선공포증까지 있었으니 능숙할 턱이 없다. 말하려던 내용을 중간에 까맣게 잊어버리고 머릿속이 새하얘진 적도 여러 번이다.

그랬던 나도 경험이 쌓이다 보니 이제는 긴장하지 않고 말할 수 있게 되었다. 많게는 1600명 앞에서 한 시간 동안 강연한 적도 있다.

어떻게 내가 사람들 앞에서 떨지 않고 말할 수 있게 되었을까? 그 비결은 바로 '질문'이다.

이제 막 강사가 되었을 때 내 생각은 이랬다.

'강사라면 능수능란하게 말해야 한다.'

그래서 청중 앞에서 말하고 행동하는 법을 전문가에게 배웠다. 그런 다음 막힘없이 능숙하게 말할 때까지 연습에 연습을 거듭해 내용을 암기한 상태로 연단에 섰다.

그 결과는…… 처참했다. **한마디도 틀리지 않고 외운 대로 말해야 한다는 압박감 때문에 긴장이 극에 달한 것이다.** 얼굴은 딱딱하게 굳고 목소리는 갈라져 여유라곤 찾아볼 수 없었다. 나는 청중의 얼굴도 똑바로 보지 못한 채 일방적으로 이야기만 계속했다. 빨리 끝내는 데 급급해 말이 빨라졌다.

생각해보라. 혼자 말하는 강사의 이야기를 누가 들어주겠는가. 중간에 자리에서 일어나 나간 사람도 있었다.

이래서는 안 되겠다고 생각했다. 청중 입장에서는 **긴장한 사람의 이야기를 듣기가 몹시 힘들다는 사실을 깨달았다.** 그 후 긴장하지 않고 말하려면 어떻게 해야 하는가를 고민한 끝에 나는 하나의 해답에 도달했다.

"…… 이런 일이 있었습니다. 어떻습니까, 여러분도 비슷한 경험을 하신 적 있나요?"(잠시 뜸을 들인다)

"아마 누구나 한두 번은 있을 겁니다. 그럴 때 어떻게 하시나요?"(또 한 번 뜸을 들이며 강연장을 둘러본다)

"그럼 이제부터 제가 좋은 방법을 알려드리겠습니다."

이렇게 청중을 대상으로 질문을 던지기 시작했다.

화법을 이런 식으로 바꾸자 청중의 반응이 훨씬 좋아졌다. 물론 이 경우 상대가 다수이다 보니 대답은 없지만, 마음속으로 대답한다고 가정하고 뜸을 들였다. 이렇게 하면 **가상으로 대화하는 형태가 된다.**

비록 가상이지만, 이렇게 대화를 주고받듯 이야기하면 안심이 되면서 긴장감도 사라진다. 당시 청중을 대상으로 실시한 강연 평가는 거의 만점 수준이었고 '쉽게 이해했다.', '귀에 쏙쏙 들어왔다.'는 의견으로 가득했다.

사람들 앞에서 말한다고 짐짓 폼 잡을 필요는 없다. 아나운서처럼 정확한 발음으로 말하지 않아도 괜찮다. 무엇보다 중요한 점은 아무리 말을 잘해도 혼자만 이야기하면 아무도 들어주지 않는다는 것이다. **어눌한 말투라도 상대방과 대화하듯 질문을 던지고 잠시 뜸을 들이기만 해도 설득력 있게 이야기할 수 있다.**

기회가 있으면 꼭 시도해보기 바란다.

질문에 배움을 더하라

핵심 공략!

갑자기 본론으로 들어가지 말고
먼저 상대의 이야기를 <u>듣는 데 전념</u>하라.

고등학교나 대학교의 일부 체육 동아리에는 후배가 선배에게 질문하면 안 된다는 규정이 있다고 들은 적이 있다. 손윗사람에 대한 질문은 예의가 아니라고 생각해서일까? 그런 특이한 관행도 질문을 어렵게 만드는 요인일 수 있다.

자신보다 연배가 높은 사람에게 말을 걸려면 어느 정도 용기가 필요하다. 지식의 양과 경험이 훨씬 많은 만큼 무엇을 어떻게 말해야 할지, 살짝 고민스럽다. 이런 상황에서 유용한 것이 '과거에 대한 질문'이다.

과거에 대한 질문이 손윗사람에게 효과적이라는 점은 이미 여러 번 설명했으므로 여기서는 응용 편을 소개하겠다. 그것은 **과거에 대한 질문에 '배움'을 더하는 것이다.**

영업사원 시절 내가 어느 고객을 방문했을 때의 일이다. 상대는 할아버지뻘 되는 회사 대표였다. 그런 사람에게 상품의 장점을 전달해 팔고야 말겠다는 의욕에 불타있었다.

"바로 본론으로 들어가 이 상품의 특징을 말씀드리겠습니다."

"흐음, 그런데 자넨 입사 몇 년 차인가?"

그가 느닷없이 질문으로 응수해왔다.

"아, 네. 이제 4개월째입니다."

"어, 겨우 4개월? 그것치곤 꽤 당차 보이는구먼."

"그렇습니까? 감사합니다."

"그래도 영업사원치곤 젊어. 딱 보면 알지. 왠지 아나?"

"혹시 긴장해서인가요?"

"그것도 있네만, 더 중요한 거야. 잘나가는 영업자는 상품 설명을 얼마나 잘하느냐보다 중요시하는 게 있거든."

"……."

"바로 상대방이 듣고 싶게 만드는 거라네. 자넨 그걸 염두에 두고 있었나?"

"상대방이 듣고 싶게 만든다……. 아니요, 전혀 생각 못했습니다."

이 경험은 내 영업 스타일을 확 바꾸는 계기가 되었다. 나는 구체적인 방법이 궁금해 그에게 질문을 던지기 시작했다.

"그럼 어떻게 해야 할까요?"

"힌트 하나 줄까? 예전에 내가 상사에서 영업하던 시절에 써먹던 건데, 상대의 과거를 물어보면 된다네."

"과거를 물어본다고요?"

"내가 젊었을 적에도 지금의 자네와 마찬가지로 연배가 높은 고객이 많았거든. 그래서 과거 경험을 물어보기로 마음먹었지. 그랬더니 물어볼수록 물어볼 게 생기더군. 질문하고 또 질문하고, 그걸 계속 반복했지."

"하지만 그런다고 더 잘 팔릴 것 같지는 않은데요?"

"아니, 잘 팔린다네. 과거를 물어보고 흥미로운 점에 대해 듣는 것, 그거야말로 상대방 귀를 여는 비결이야. 자신에게 관심을 가져주는 사람에겐 마음을 열게 되어있거든. 결국엔 내 이야기를 들어준다네."

그때부터 연배가 높은 고객을 대할 때는 **내 이야기를 하기보다 상대의 이야기를 듣는 데 집중했다.** 고객이 어떤 식으로 살아왔는지 배우기로 한 것이다.

과거의 경험을 묻고 그것을 배우는 자세로 듣기. 이 방식으로 실적이 오른 것은 물론 영업 기술도 향상되었다.

이는 영업이 아닌 분야에서도 효과적이다. 연배가 높은 손윗사람에게 활용해보자.

5장

적극적 질문으로
한 단계 위를 노려라

질문을 기회로 받아들여라!

"혹시 질문 없습니까?"라는 말에 진땀이 나요

이 책은 원래 질문이 서툴러서 고민하는 사람을 위해 쓴 글이다. 질문을 못하다 보니 남들 시선이 신경 쓰여 주눅 들어있거나, 원활하게 소통하지 못하거나, 자기 마음을 제대로 표현 못해 번민하는 사람에게 유용한 해결책을 정리했다. 이른바 마이너스 요인을 제로로 만드는 법이다.

물론 이렇게만 해도 고민이 사라지기는 하지만 질문의 효과는 거기서 그치지 않는다. 더 큰 장점이 있다. 바로 **제로에서 플러스로 전환된다는 점이다.** 이번 장에서는 질문을 잘하면 무엇을 더 손에 넣을 수 있는지 설명하도록 하겠다.

이제부터가 본론이다.

어려서부터 얌전했던 나는 고등학생이 되었는데도 스스로 손을 들어 질문을 하지 못했다. 선생님이 질문이 없냐고 해도 **나와 무관한 일이라 생각해 모른 척하기 일쑤였다.**

그러던 어느 날, 국어 시간에 선생님이 내 이름을 갑자기 부르더니 오늘 수업에 대해 뭔가 질문해보라는 것이 아닌가. 방심하고 있던 나는 소스라치게 놀랐다. 설마 나를 지목할 줄은 몰랐기 때문이다. 너무나 갑작스러운 상황에 긴장한 나머지 얼굴은 새빨개지고 땀이 비 오듯 흐르기 시작했다. 아무 생각도 할 수 없는, 그야말로 공황 상태였다.

나는 자리에서 일어나 머리를 푹 숙인 채 아무 말도 하지 못했다. 땀범벅이 된 채 당황하던 모습을 생각하면 지금도 낯이 뜨거워진다. 어쩔 줄 몰라 하는 내가 안쓰러웠는지 선생님은 말없이 넘어가주었지만, 나는 볼품없는 모습을 보였다는 생각에 몹시 속상했다.

며칠 후 국어 시간, 같은 선생님이 또다시 나를 호명했다. 이번에는 전처럼 공황 상태가 되지는 않았지만 설마 두 번 연달아 불릴 줄은 몰랐기에 또다시 아무 질문도 하지 못했다.

그제야 나는 대책의 필요성을 느꼈다. 아무 생각도 안 하면 질문을 할 수 없다는 걸 절감했고, 다음번에 호명될 때를 대비해 질문을 준비하기로 결심했다.

'상상을 초월한 질문'에는 큰 영향력이 있다

다시 국어 시간. 여느 때처럼 선생님이 우리에게 질문을 하라고 했다. 나는 손은 들지 않았지만 얼굴을 든 채 앞을 바라보고 있었다. 이윽고 선생님과 눈이 마주쳤다. 이른바 아이 콘택트였다. 선생님은 나를 호명했고 나는 이렇게 질문했다.

"선생님이 생각하는 이상적인 질문은 뭔가요?"

선생님은 놀란 눈치였다. 그리고 잠시 생각하더니 대답했다.

어떤 대답이었는지는 생각나지 않지만, 또렷이 기억하는 대목이 있다. 그것은 무척 흐뭇해하는 선생님의 모습이다. 아마 **생각지도 못한 질문이 기뻤던 모양이다.**

더 선명하게 남아있는 기억은 내가 질문했을 때의 주위 반응이다. 모두 일제히 나를 바라보았다. 다들 궁금하기는 마찬가지였던 모양이다. '질문 참 잘했다.'는 공감과 '저 녀석이 저런 질문을 하다니……' 하고 놀라는 감정이 느껴졌다.

그 이후로 주위의 평가가 확연히 달라졌다. 말수가 없고 얌전하기만 한 녀석에서 **말수는 적지만 야무진 녀석으로 인상이 바뀌었다.** 단 하나의 질문으로 이렇게나 이미지가 바뀌는구나, 하고 실감하는 순간이었다.

그때 나를 계속 호명해준 국어 선생님께 감사할 따름이다.

주위를 끌어들여라

'지금 안 물어봐도 될 텐데' 싶은 질문

단 하나의 질문으로 나의 이미지가 크게 바뀐다. 앞서 나온 결론이다. 그렇다면 어떤 질문을 해야 할까?

요령은 나만의 질문이 아니라 **주위를 끌어들여 질문하는 데 있다.** 일반적으로 자신이 궁금한 것을 묻기 마련이지만, 질문 시간을 보다 효과적으로 활용하려면 관심을 주위로 돌려야 한다. 즉 모두가 궁금해하는 질문을 던지는 것이다.

강연 후 질문 시간을 예로 들어보자. 우선 나만의 질문이란 이런 것이다.

"아이스 브레이크란 무슨 뜻인가요?"(내가 모르는 용어)

"선생님은 어렸을 때 수다쟁이였나요?"(단순한 흥미)

절대로 안 된다는 건 아니지만, 모르는 용어는 나중에 조사해볼 수도 있으니 참석자 전원의 시간을 쓰면서까지 묻지 않아도 되는 내용이다.

이렇듯 내가 주체인 질문이 나오면 강연장 전체 분위기가 가라앉고 만다. 대부분 자신과 무관한 이야기에는 귀를 기울이지 않기 때문이다. 당연히 강연자 입장에서도 환영할 만한 질문이 아니다. 개인적으로 꼭 하고 싶은 질문이 있다면 **강연이 끝나고 나서 강사에게 직접 물어보는 편이 낫다.**

한편 주위를 끌어들이는 질문은 다음과 같다.

"오늘 하신 말씀에 ○○라는 게 나왔는데요, 다른 업종에도 적용할 수 있을까요? 만약 가능하다면 어떤 업종이 있는지 궁금합니다."

"오늘 강연의 핵심은 ○○ 부분인데, 이것을 신입사원에게 전달하려면 어떤 방법이 효과적일까요?"

이처럼 나 자신은 물론 주위 사람까지 의식한 내용을 질문해보라. 그러면 주위에 도움을 주는 존재가 될 수 있다. 더불어 질문하는 사람과 답변을 듣는 사람 모두 강연 내용을 더 깊이 이해하게 되므로 일체감이 형성된다. 즉, **청중의 대표가 되었다는 마음으로 질문하면 주목받는 존재가 될 수 있다.**

물론 이는 강연자에게도 반가운 질문이다. 자신이 미처 말하지 못한 부분이나 모두가 듣고 싶어 하는 내용을 보충할 수 있으므로 강연에 대한 만족도가 더욱 높아진다.

'강조한 대목'에서 질문을 생각하라

이처럼 주위를 끌어들이는 질문에는 요령이 있다. 먼저 그날 강연에서 **핵심적인 내용(강사가 가장 전하고 싶어 한 부분)을 골라놓은 다음, 그것을 중심으로 질문을 생각하는 방식**이다.

자신이 강조해서 전한 내용에 관해 질문을 받는 것은 강사로서 굉장히 기쁜 일이다. 그러니 답변에도 저절로 성의가 담긴다. 결과적으로 강연이 연장되는 형태가 되면서 청중의 이해도가 높아지므로 환영할 만한 질문이다.

또 하나의 요령은 강연 중 **주위의 반응이 좋았던 내용에서 질문을 생각하는 방식**이다.

많은 청중이 웃거나 고개를 끄덕인 대목일수록 그만큼 내용에 공감했다는 뜻이고, 기억에 남을 가능성이 높다. 그 내용을 활용해 질문하면 주위에서도 자기 일인 양 흥미롭게 들어준다.

그런 질문을 하는 사람은 강사도 눈여겨보기 마련이므로 **그 일을 계기로 교류를 시작하면 인맥도 넓어질 것이다.** 비즈니스의 성장에도 보탬이 된다.

이렇듯 다양한 가능성을 지닌 질문에 꼭 도전해보기 바란다.

질문으로 '예리한데!' 하고 감탄하게 하라

'정곡을 찌르는 질문'은 양날의 검?

저널리스트 이케가미 아키라[*] 씨가 텔레비전 등에서 자주 하는 말이 있다.

"좋은 질문이에요."

이 말을 들은 질문자는 모두 칭찬받았다는 듯 기쁜 표정이다. 그러고 보면 **질문이 평가의 대상이 되는 셈이다.**

예리한 질문도 마찬가지다. 특히 회의처럼 주위에 사람이 있을 때 상사에게 이런 말을 들으면 나를 향한 시선이 달라진다. 즉, '예리하다.'는 말을 들을 정도로 질문을 잘하면 높은 평가를

---

[*] (1950~) 20여 년간 NHK의 기자, 뉴스 캐스터로 활동했으며, 현재 프리랜서 저널리스트로서 다방면에서 활약하고 있다.

받을 수 있다. 할 수만 있다면 의도적으로 노릴 만도 하다.

회사원 시절 나는 회의 때 거의 입을 열지 않았다. 말수가 없다는 것이 가장 큰 이유였지만, 스스로 발언하는 사람이 아니라고 단정하고 있었다. 그러니 애초에 질문하려는 생각조차 없었다.

그때 내가 예리한 질문을 했더라면 어땠을까? 아마 나의 이미지는 물론 사내에서의 입지도 달라지지 않았을까 싶다.

그렇다면 예리한 질문이란 어떤 것일까?

· 정곡을 찔렀다.
· 상대방을 놀라게 했다.
· 남다른 관점을 지녔다.

이런 인상을 주었다면 예리한 질문이라 할 수 있다.

'음, 상대방을 놀라게 하면 되겠군!'

그렇다고 이런 생각은 금물이다. 여기까지만 보면 그렇게 생각하기 쉽지만, 우선 조심해야 할 것이 있다. 단순하게 정곡을 찌르거나 상대방을 놀라게 한다고 해서 다가 아니다.

국회 대정부질문 중계를 자주 보는데, 간혹 못마땅할 때가 있다. 정말 국익을 위해 하는 질문이면 괜찮은데, 때때로 '저건 아무리 생각해도 말꼬리만 잡는 건데.' 싶은 질문이 나오기 때문이다. 답변하는 쪽도 언짢은 표정이다.

물론 그런 것까지도 다 그들의 일이겠지만, 적절치 못한 질문은 제3자가 봐도 기분이 좋지 않다.

즉, 똑같이 정곡을 찌르는 질문이라도 **상대방의 작은 실수를 꼬투리 잡아 추궁하는 것은 예리한 질문이라 할 수 없다.** 상대방을 긍정적인 방향으로 놀라게 하는 질문을 해야 한다.

관점을 교묘히 비트는 방법

내가 예리한 질문을 하고 싶을 때 쓰는 사고법이 있다. 책 쓸 때와 비슷해 나는 습관이 붙었다. 바로 관점 비틀기다. 사물의 각도와 위치, 시간 축을 달리한 다음 바라보는 방법이다.

이를테면 새로운 케이크를 개발한다고 치자.

"독신 남성이 퇴근길에 편의점에서 구매하는 1인용 케이크는 어떨까요?"

"달지 않은 케이크는 어때요? 시거나 쓴맛이 나게 하는 거예요."

"어린 시절 먹던 추억의 케이크 시리즈는 어떤가요?"

"축하용만 있는데 공양용 케이크가 있어도 되지 않을까요?"

"도쿠호* 케이크는 아직 시중에 없지요?"

극단적인 의견도 보이지만, 실현 가능성 여부보다는 문제 제기로 모두가 생각할 기회를 만들어주는 데 핵심이 있다.

이처럼 **관점을 살짝 비틀기만 해도 예리해 보이는 질문으로 바뀐다.** 여러분도 예리한 질문을 생각하는 습관을 들이기 바란다.

---

* 정부가 인증한 건강 기능성 식품.

질문만으로 상대와의 거리를 좁혀라

어려운 사람과 친해지고 싶어요

지금까지 말한 것처럼 질문하는 행위에는 다양한 의미가 함축되어 있다. 궁금한 내용을 묻는 것이 본질이지만, 그 밖의 사용법까지 알아두면 편리하다.

특히 다른 사람과 소통해야 하는 상황에서는 질문을 어떻게 하느냐에 따라 긍정적으로도 부정적으로도 작용하기 때문에 적재적소에 활용하면 비즈니스는 물론 일상생활에서도 큰 효과를 발휘한다.

눈앞에 있는 사람과 거리를 좁히고 싶을 때가 있지 않은가? 까다롭고 말 걸기 어려운 고객, 같은 공간에서 일하지만 좀처럼 말이 없는 회사 동료, 관심이 가는 소개팅 상대와 더 가까워지고 싶을 때 말이다.

그렇다고 **얼굴을 마주보고 "당신과 조금 더 가까워지고 싶어요."라고 털어놓기도 민망하다.** 그래서 끝내 아무 말도 못했던 것이 예전의 나였다.

하지만 지금은 질문을 잘 활용해 긴장하지 않고 자연스럽게 대화하며 거리를 좁힐 수 있다. 내 경험상 누구든 대화를 주고받다 보면 서서히 안정되기 마련이다.

서슬이 시퍼렇게 항의하는 사람도, 불난 집에 부채질을 하지 않는 이상 이야기하다 보면 차츰 냉정을 되찾는다는 것을 영업사원 시절에 배웠다. 무조건 상대가 이야기하게 해야 한다. 그것이 불만이 쌓인 고객에게 다가가는 내 나름의 방법이었다.

가까이 다가가고 싶은 사람과 거리가 있다면 **상대방이 아직 당신에게 마음을 열지 않았을(혹은 경계하고 있을) 가능성이 높다.** 마음을 열지 않은 사람이 말을 걸어올 리는 만무하므로 당신이 행동하지 않으면 진전이 없다. 그럴 때일수록 질문이 효과적이다.

"안녕하세요. 어, 웬일로 정장을 입으셨네요. 오늘 어디 가세요?"

"아니, 오늘 신입사원 환영회가 있어서 말이야."

"그랬군요. 정장 차림은 처음 봅니다."

"가끔씩만 입다 보니 영 불편하네."

다른 사람과의 거리가 성큼 가까워진다

고객을 방문했을 때도 질문으로 시작해 대화를 이어가도록 하자. 더 심도 있는 대화를 나누고 싶다면 과거에 대한 질문이 요긴하다.

"그러고 보니 얼마 전에 회사를 쉬셨던데, 혹시 어디 아프셨습니까?"

"음, 식중독에 걸렸는지 설사가 너무 심해서 못 일어났어."

"뭘 드셨는데요?"

"아무래도 굴이 상했던 모양이야."

"그러셨군요. 굴 때문에 탈이 나면 엄청 힘들다고 하던데요."

"죽는 줄 알았지. 너무 비싼 건 몸에 안 받는 모양이야." (웃음)

"에이, 무슨 말씀을." (웃음)

"그래도 그 덕에 몸무게가 좀 빠져서 다행이지 뭔가."

"제발 조심해주세요. 저희가 일이 안 되지 않습니까." (웃음)

어떤가. 한결 거리가 가까워진 느낌이 들지 않는가? **상대방의 과거 변화(결근)를 질문했더니 무척 흥미로운 이야깃거리가 나와서 그것에 대해 더 깊이 파고들었다.**

핵심은 상대방이 말하도록 하는 데 있다. 사람은 말을 할수록 긴장이 풀어져 편안한 상태가 된다. 그러면 대화를 하는 동안 저절로 친밀한 분위기가 형성된다.

상대방과 거리를 좁히려면 무조건 그 사람이 말하게 해야 한다는 점을 염두에 두고 질문하자.

상대의 이야기에 100% 집중하라

질문 관련 책을 닥치는 대로 봐요

이제 와 새삼스럽지만 '이거 하나면 상대방 마음이 움직이는' 편리한 질문은 존재하지 않는다. 즉 백발백중의 질문은 없다. 왜냐하면 상대가 살아있는 인간이기 때문이다. 버튼만 누르면 매번 똑같이 반응하는 로봇이 아니란 말이다.

같은 질문에도 **그날그날의 기분과 환경에 따라 다른 대답이 나오기 마련이다.** 질문자의 태도와 묻는 방식에 따라서도 달라진다.

만일 만사가 해결되는 질문법이 있다면 이 세상에 존재하는 질문 책은 그 한 권뿐일 것이다. 즉, 서점에 질문 관련 책이 가득 진열된 모습은 정설이 없다는 반증이기도 하다.

그래도 누군가 나에게 질문의 비법이 뭐냐고 묻는다면 이렇게 대답하겠다. **'상대방에게 100% 집중하는 것'**이라고.

질문이란 혼자서는 불가능하다. 반드시 상대가 있어야 한다. 그리고 그 상대는 내 마음대로 통제할 수 없는, 살아있는 사람이다. 그런 변덕스러운 대상에게 완벽한 대책 따위 있을 턱이 없다.

그럼에도 불구하고 예전에 나는 심리학책을 닥치는 대로 읽으며 상대방의 마음을 알아내려고 애썼다. 무슨 생각을 하는지 알 수 없는 사람을 어떻게 대해야 할지 불안했기 때문이다. 하지만 애당초 말도 안 되는 생각이었다. 게다가 인간의 행동양식을 전부 공부해 대처법을 터득하려고 보니 그 방대함에 정신이 아득해졌다.

당시 영업사원이던 나는 도무지 실적을 내지 못하고 있었다. 그래서 상대방 심리를 파악하고자 여러 질문을 통째로 외운 다음 고객을 방문했다.

기억해둔 문장이 있으면 무의식중에 써먹고 싶어지는 게 사람의 심리다. 그러면 상대방과 이야기하는 도중에 '이 질문 다음엔 이걸 물어보고, 그 다음엔…….' 이런 생각으로 가득 차버린다. 그게 함정이었다. 다음 질문을 생각할 동안 상대의 이야기를 듣지 않고 있었던 것이다.

다음 질문을 지나치게 생각하지 마라

이런 경험 없는가. 상대방의 말에 수긍하며 고개를 끄덕이고는 있지만, 머릿속으로는 다른 생각을 할 때 말이다. 나는 중요한 고객과 협상할 때도 간혹 그랬는데, 문득 정신을 차리고 소스라치게 놀란 적이 있다. **이것저것 생각이 너무 많다 보니 정작 상대방의 이야기를 듣지 않고 있었던 것이다.**

당연히 상대방의 말에 어정쩡한 반응을 보일 수밖에 없었다. 때로는 아무 반응도 못했다.

그러자 고객의 말수가 점차 줄어들었다. 기껏 이야기했는데 상대가 들어주지 않으니 기분이 상할 만도 하다. 그러니 실적이 좋을 턱이 없었다.

그래서 다음 질문 따위는 생각하지 않고 상대방의 말에 집중하기로 했다. 눈앞에 있는 사람의 이야기를 제대로 듣는, 이른바 기본을 실천하기 시작한 것이다.

그러자 상대방의 말수가 차츰 늘어나고 대화도 무르익었으며, 결과적으로 판매 실적이 좋아졌다. 고객의 이야기에 귀 기울이는 영업사원으로 알려진 덕분이기도 하지만, 잘나가는 영업사원이 된 데에는 그보다 더 중요한 이유가 있었다.

바로 **상대방의 이야기 속에 수많은 판매 키워드가 숨어있다는 사실을 깨달은 것이다.**

202

"방금 이런 말씀을 하셨는데, 구체적으로 무슨 뜻인가요?"

그 키워드를 활용해 정곡을 찌르는 질문을 계속 던졌다. 영업 실적이 좋아진 건 당연하다.

이처럼 상대방의 말을 귀담아들으면 좋은 질문을 만들어낼 수 있다. 미리 준비한 질문보다 그 자리에서 나오는 질문이 훨씬 강력하다. 좋은 질문을 하려면 상대방의 말에 100% 집중해야 한다는 점을 명심하자.

적극적 질문법⑤

키워드를 상대방이 말하게 하라

심리학 책을 과하게 읽어 제 꾀에 넘어갔어요

영업사원 연수를 진행할 때 이런 질문을 던지곤 한다.

"고객의 마음을 알아맞히는 영업사원과 고객이 자신의 마음을 말하게 하는 영업사원 중 어느 쪽이 뛰어난 사람일까요?"

그러면 대부분 전자라고 대답한다. 상대의 심리를 꿰뚫는 영업사원을 우수하다고 여기는 것이다. 그러나 사실은 정반대다. 상대가 자신의 마음을 말하도록 할 줄 아는 사람이 뛰어난 영업사원이다.

나도 한때는 착각하고 있었다. 좀체 속내를 드러내지 않는 고객의 의중을 떠보는 것이 잘나가는 영업사원이 되는 길이라고 오랫동안 믿어왔다. 그래서 일반 심리학책은 물론 '고객의 심리를 꿰뚫는 책'까지 눈에 들어오면 즉각 구매했다. 하지만 좀처럼 성과가 나지 않았다.

생각해보면 당연한 일이다. 사람의 심리 파악은 심리학 전문가조차 어려워하는 일인데, 초보자가 책 좀 읽었다고 고객의 마음을 간파할 수는 없는 노릇이다. 그런데도 섣불리 알아내려다가 **제 꾀에 제가 넘어가 되레 미움을 사는 일도 있었다.**

사람의 심리란 그리 쉽게 파악할 수 있는 것이 아니다. 아니, 정확히 말하면 불가능하다. 그래서 나는 불가능한 것을 열심히 하지 말고, 다른 방법으로 상대방이 속내를 드러내도록 유도하는 편이 빠르고 정확하겠다는 생각에 도달했다.

나는 질문법 자체에 주목하기로 했다. 핵심은 상대방 입으로 말하게 하는 것이었다.

사람은 자신의 말에 책임을 느낀다

"당신이 좋아하는 색은 빨간색인가요?"
"예."
이는 상대방 심리를 간파하려는 질문과 그 대답이다. 상대방이 할 수 있는 말은 예스밖에 없다.

한편 간파할 의도가 없는 질문은 이렇다.

"당신이 좋아하는 색깔은 무엇인가요?"

"빨간색입니다."

언뜻 똑같아 보일 수도 있지만, 상대방이 자기 입으로 키워드(빨간색)를 말하게 하는 데 큰 의미가 있다. **사람은 자신의 발언에 대해서 의외로 책임감을 갖는다.** 즉 "빨간색입니다."라고 발언한 사람은 어지간한 일이 아니면 발언을 취소하지 않는다. 취소하려고 해도 "아까 빨간색이라고 하셨잖아요."라고 하면 바로 수긍한다.

그런데 "예."라고만 대답한 사람은 "아무래도 파란색이 더 나으려나." 하며 다른 말을 하기도 한다. 그 사람에게 "아까 빨간색이라고 하셨잖아요."라고 해봤자 "아깐 그랬는데 다시 생각해보니 빨간색이 아닌 것 같아."라고 슬쩍 둘러댄다. 자기 입으로 말한 것이 아니기 때문에 책임감이 약한 것이다. 이렇다 보니 빨간색이 좋다는 내용으로 진전되던 이야기가 백지화되는 일도 흔하다.

영업에서는 '언질을 잡는다.'라고 표현하는데, 상대가 한 말을 자기가 할 말의 증거로 삼는다는 뜻이다. 비즈니스에서 뭔가 결정할 때는 **중요한 부분을 상대방이 말하도록 하는 것이 철칙이다.**

연애상담을 할 때도 "당신은 그 사람을 좋아했습니까?"라는 질문보다는 "그때 어떤 마음이었습니까?"라고 묻고 "좋아했다."는 대답을 얻는 게 바람직하다. 자신의 입으로 말하면 스스로 재인식할 수 있고 무엇보다 그게 진심이기 때문이다.

뛰어난 영업사원은 **설령 상대방이 무슨 말을 할지 짐작하고 있어도 정답을 알아맞히지 않는다.** 가령 예산이 없다는 사실을 알고 있어도 "그게 무슨 뜻입니까?" 하고 받아넘긴 후 상대방이 "사실은 예산이 없다."라고 핵심을 말하게 유도한다. 그러면 예산이 없다는 확실한 전제하에 협상을 진행할 수 있다.

상대방에게서 키워드를 유도하는 질문으로 주도권을 쥐어 보자.

긴장을 분석하라

시선공포증이 사라지지 않아요

아무리 멋진 질문을 한들 한 가지 조건을 충족하지 않으면 효과가 크게 떨어진다. 그 조건이란 바로 '긴장하지 않기'다.

의사소통은 다른 사람에게 질문함으로써 발생한다. 그리고 의사소통이 가장 원활한 상태는 양쪽 다 긴장을 풀었을 때다.

나는 어릴 때부터 극심한 시선공포증이 있었지만, 지금은 1000명이 넘는 대중 앞에서 강연을 하고 있다. 수업 시간에 선생님에게 이름을 불리기만 해도 긴장해서 떨던 내가 많은 사람 앞에서 이야기를 할 수 있게 된 이유는 무엇일까?

시선공포증을 극복한 것은 아니다. 나는 여전히 사람들의 시선이 무섭고, 시선공포증은 내가 평생 안고 가야 할 증상이라고 생각한다.

극복했다기보다는 청중 앞에서 이야기할 때만이라도 긴장하지 않도록 애쓴다는 게 정확한 표현일 것이다. 강연 전에 나름대로 시간적 여유를 갖거나 물건을 제대로 챙겨오는 등 준비를 철저히 함으로써 긴장하지 않도록 노력한다.

그렇다면 긴장하지 않는 것이 왜 중요한가. 이유는 두 가지다.

첫 번째는 **대중 앞에서 긴장하면 볼품없어 보이기 때문**이다. 나는 어릴 때 툭하면 당황해서 얼굴이 빨개지고 온몸에 진땀이 나는 것이 몹시도 창피했다. 시선공포증이 있는 사람 대부분이 이럴 것이다. 이 경우 본인뿐만 아니라 바라보는 청중도 불편하긴 마찬가지다. 모두가 난감한 상황이 연출되는 것이다.

사실 긴장하면 안 되는 이유가 이거 하나였는데, 강사 일을 시작하고 나서 하나가 더 생겼다.

두 번째는 **긴장하면 이야기가 제대로 전달되지 않기 때문**이다. 단순히 사람들 앞에서 말하는 데 그치지 않고 청중에게 정보를 제대로 전달하는 게 내 일이다. 이야기가 전달되지 않으면 의미가 없다.

그런데 강사가 긴장해버리면 무슨 이야기를 해도 전달이 잘 안 된다. 세미나가 끝나고 청중에게 평가를 요청할 때가 있다. 강연 내용이 똑같아도 긴장했을 때 조사한 결과와 긴장을 풀고 편안하게 했을 때의 결과는 천지 차이다. 당연히 후자일 때의 평가가 압도적으로 좋다.

그제야 현실에 눈뜬 나는 결심했다. 이 일을 하는 이상 제대로 전달해야 한다고. 그러려면 사람들 앞에서 긴장하면 안 되겠다고.

긴장은 노력으로 사라진다

생각해보면 인간관계도 마찬가지다. 예컨대 눈앞에 극도로 긴장한 영업사원이 있고 나에게 열심히 뭔가를 전하려 한다고 치자.

진지한 마음은 전해지지만, 도무지 듣고 있을 수가 없다. **상대방이 말하는 내용보다 긴장한 모습에 자꾸만 눈이 가기 때문이다.** 심지어 나까지 긴장되며 심란해진다.

반대로 편안해 보이는 사람을 보면 내 마음까지 편해진다. 그러면 차분하게 상대의 이야기에 귀 기울일 수 있다.

그러고 보면 긴장이란 소통을 방해하는 요인이다. 긴장한 사람은 신경이 자신에게 집중되어 있다. 주위를 관찰할 여유도 없고 상대방의 말에 귀를 기울일 틈도 없다. 그러니 대인관계가 원만하게 풀릴 턱이 없다.

상대방에게 제대로 와 닿는 질문을 하고 싶다면 냉정함을 유지해야 한다. 만약 당신이 대중 앞에 섰을 때 금세 긴장하는 성격이라면 **자신이 어떨 때 긴장하는가를 자세히 분석해보라.** 이른바 '지뢰'를 미리 조사해두는 것이다.

나도 수많은 지뢰를 갖고 있지만, 청중 앞에서는 그것을 밟지 않도록 노력하며 걷는다. 즉, 좋은 질문의 필수조건은 냉정함을 유지하는 것이다.

누군가와 만나는 자리에서는 뭐든 이야기를 꺼낼 실마리가 필요하다. 그런데 갑작스러운 만남에서는 순간적으로 아무 생각도 떠오르지 않을 때가 있다. 그럴 때 요긴한 상대 유형별 한마디를 준비했다.

처음 만나는 사람에게

공통 화제가 없는 초면이라면 실마리가 될 만한 화제부터 찾기를 권한다.

"처음 뵙는 거 맞지요?"

"어딘가에서 뵌 적 있지 않나요?"

"이 가게(장소), 자주 오시나요?"

"어디서 오시는 길이에요?"

"혼자 오셨어요?"

"어떤 일을 하세요?"

"가장 가까운 역이 어디에요?"

오랜만에 만나는 사람에게

면식은 있지만 오랜만에 보는 사람에게는 과거의 접점을 떠올리게 할 만한 질문으로 말문을 열어보자.

"오랜만이네요. 이게 얼마 만이에요?"(기간)

"전에 만난 데가 어디였지요?"(장소)

"어, 분위기가 좀 달라진 것 같은데요?"(겉모습)

"그나저나 여전히 젊으시네요."(겉모습)

"지금도 ○○(취미 등) 하세요?"(취미)

"그런데 댁이 어디셨더라?"(주소)

"일은 여전히 잘되시고요?"(일)

"다들 별고 없으시지요?"(가족)

"아이가 올해 몇 살이에요?"(가족)

자주 만나는 사람에게

자주 만나는 사람에게는 구체적인 근황을 물어보자.

"얼굴이 밝네. 무슨 좋은 일 있어요?"(표정)

"오늘은 평소랑 차림새가 다르네요?"(옷차림)

"참, ○○ 씨랑 최근에 만났어요?"(인간관계)

"그때 일은 잘 마무리됐나요?"(일)

"오늘도 야근이에요?"(일)

"따끈한 국물이 생각나는 계절이 왔네요."(계절)

"요즘 ○○(취미 등)은 잘하고 계세요?"(취미)

에필로그

'스스로에게 던지는 질문'으로
나를 표현하라!

마지막으로 비장의 질문을 소개하겠다. 질문이란 상대방에게만 하는 것이 아니다. 스스로에게 던질 수도 있다.

예전에 신문을 읽다가 자신에게 하는 궁극의 질문이란 이런 거구나, 하고 무릎을 친 적이 있다. 미술가인 가와시마 다케시[*] 씨의 인터뷰 기사였다. 그 질문은 이랬다.

"Why born?"

아주 단순한 물음이었다. 번역하면 "왜 태어났는가?"가 되겠다.

---

[*] (1930~) 뉴욕에서 활동 중인 일본의 현대미술가.

사람이 태어난 데는 이유가 있다. 이 세상에 태어난 것 자체가 수많은 난관을 기적적으로 극복하고 선택받았다는 뜻이다. "왜 태어났는가?"라는 물음은 "당신은 무엇을 위해 태어났는가?"로 바꿔 말할 수 있다. 즉, 이것은 사명에 관한 질문이다.

《톰 소여의 모험》의 저자로 유명한 마크 트웨인도 같은 말을 했다.

The two most important days in your life
(인생에서 가장 중요한 2일이 있다.)
Are the day you are born
(우리가 태어난 날과)
And the day you find out why.
(우리가 태어난 이유를 알게 되는 날이다.)

나는 왜 태어났는가, 그 이유가 분명해진 날이 인생에서 중요한 날이라고 지적하고 있다.

나는 내 책《내성적인 영업사원의 판매 비결》출간을 계기로 삶의 방향이 정해졌다. 내성적인 성격으로 고민하는 이들에게 희망을 주는 삶을 살기로 한 것이다.

그렇게 마음을 정하고 나니, 무슨 일이든 그 방향에 맞추어 판단하게 되었다. 이건 내가 할 일이 아니니까 거절해야겠다,

이 일은 보수는 적어도 미래에 보탬이 되니까 해야지, 이런 식으로 가치관이 뚜렷해졌다.

그전까지 나는 자신감도 없고 다른 사람 의견에 휘둘리며 아무 생각 없이 살고 있는 느낌이었다. 스스로 무엇을 하고 싶은지, 무엇을 하면 좋을지, 더 나아가 왜 태어났는지 전혀 알지 못했다.

나는 이 세상에 필요한 사람이 아닐지도 모른다는 생각이 늘 머릿속에 맴돌았다. 자기주장도 하지 않았고 표현해야 할 의견도 없었다. 살아가는 인생이 아닌, 살아지는 인생이었다. 한편으론 불안감도 안고 있었다.

그런데 내 역할이 명확해진 순간 나는 완전히 달라졌다. 여태껏 마음속에 응어리져있던 불안감이 사라지고 그 자리에 새로운 희망이 샘솟기 시작했다.

나는 이것을 위해 태어난 사람이다, 이런 말을 할 수 있게 되자 모든 일에 의미가 생겨났다. 못내 가슴 아팠던 경험도, 쓸데없다고 여겼던 일들도 모두 받아들일 수 있게 되었다. 이상적인 나로 다시 태어난 듯한 기분이었다. 마크 트웨인이 말한, 인생에서 가장 중요한 날이었다.

나는 책 출간이 계기가 되었지만, 누구나 "Why born?" 하고 자문하면 깨달음을 얻을 수 있다. 그리고 그 깨달음을 얻는 순간 내가 그랬던 것처럼 여러분도 인생을 다시 사는 느낌이 들 것이다.

그런 의미에서 이 질문을 끝으로 마무리하고자 한다.

"당신은 왜 태어났나요?"

역자 후기

　가정이라는 울타리 안에서 지내던 아이가 초등학교에 입학하면 본격적인 단체생활이 시작된다. 그 무렵부터였을 것이다. 이 세상에서 발표가 가장 싫었다. 그중에서도 자기소개가 고역이었다. 이사와 전학이 잦다 보니 나를 소개할 기회가 많았는데, 자신감 없고 소심한 아이의 얼굴은 홍당무가 되고 온몸이 땀에 젖도록 얼어붙어서는 작은 목소리로 더듬거렸다.

　자신감은 점점 바닥을 향했다. 시간이 지나면 고쳐질 거라 믿었지만 좀체 나아지지 않았다. 반면 장기자랑에 과제 발표, 회의와 건배사에 이르기까지 사람들 앞에 나서야 할 자리는 많아졌다. 그런 자리를 앞두고는 일이 손에 안 잡혀 노심초사하기 일쑤였다. 도대체 어떻게 하면 그런 일을 피하고 살 수 있을까, 진지하게 고민한 적도 여러 번이다. 자기 생각을 당당하고 조리 있게 표현하는 사람이 진심으로 부러웠다.

나 자신을 바꾸자는 생각에 화법이나 심리, 인간관계를 다룬 책도 읽어봤지만, 도움이 되지 않았다. 일단 마음에 드는 책을 찾기가 어려웠다. 간혹 괜찮은 책을 발견해도 몇 쪽을 넘기다가 덮어버리기 일쑤였다. 나와는 태생이 다름을 실감하며 좌절하곤 했다.

변화가 생긴 건 사회생활을 한 지 5년 남짓 되었을 무렵이다. 축적된 경험 덕인지 단순한 넉살인지 모를 여유가 생기기 시작했다. 많은 사람 앞에서 발언하거나 연단에 설 때면 귀가 붉어지고 심장을 조이는 긴장감은 여전했지만, 이전과는 비교할 수 없을 정도로 차분하게 말할 수 있게 되었다.

그제야 깨달았다. 달변가가 되려고 애쓰지 않아도 된다는 것을, 그보다는 말하는 내용과 태도가 중요하다는 사실을. 중요한 건 말솜씨가 아니었다.

한때는 소심한 성격을 원망하기도 했지만, 돌이켜보면 그런 성격 덕에 소통을 중요시하는 태도가 몸에 밴 듯하다.

무슨 일이든 소통이 관건이다. 소통은 말과 글로 이루어진다. 말이란 사람의 생각이나 느낌 따위를 표현하고 전달하는 데 쓰는 음성 기호다. 요컨대 생각과 느낌의 표현과 전달인데 기업 경영부터 영업, 수업, 하다못해 서너 명이서 하는 공부 모임도 잘 굴러가려면 원활한 소통이 필수다. 구성원 각자의 능력이 아무리 뛰어나도 소통이 없으면 일이 제대로 굴러가지 않는다.

문제는 그게 쉽지 않다는 데 있다. 더구나 정보기기의 발달로 대화보다 '톡'이나 문자에 익숙한 세대는 얼굴을 마주보고 하는 대화가 더욱 난관으로 느껴질 터다. 바로 그런 이들이 참고할 만한 지침서가 이 책이다.

이 책을 펼칠 때만 해도 다른 화법 책과 비슷하려니, 하는 생각에 큰 기대감은 없었다. 그런데 지은이의 어린 시절에서 내 옛 모습을 발견하고 적잖이 놀랐다. 내성적인 성격 그대로 영업 왕까지 되었다고? 흥미를 자극했다.

이 책은 당신의 성격을 바꾸라고, 달변가가 되라고 강요하지 않는다. 단 한마디로 요약한 비결을 전수하고 나머지는 독자의 몫으로 돌리는 무책임한 자기계발서도 아니다. 상황별로 즉시 실천할 수 있는 질문의 요령을 설명하며, 지은이가 영업사원 시절 좌충우돌하며 겪은 사례까지 곁들이고 있어 머리에 쏙쏙 들어온다.

그렇다고 영업에만 적용되는 비법도 아니다. 개중에는 우리가 이미 일상에서 자연스럽게 써먹고 있는 질문법도 있다. 지은이가 활발하고 원활한 소통을 위해 일상 속 대화까지 분석하며 무던히도 애썼음을 알 수 있는 대목이다.

아무리 훌륭하다고 평판이 자자한 책이라도 내가 공감이 가지 않거나 몰입이 안 되면 다시 덮게 된다. 그런 의미에서 이 책은 누구나 질문으로 여는 대화의 팁을 얻어갈 수 있는 좋은 실천서다. 이 책을 통해 생활 속에서 질문으로 여는 대화가 얼마나 많은지 알고 나도 새삼 놀랐다.

영업 전선에 막 뛰어든 사람부터 상사나 부하와 잘 지내고 싶은 직장인, 수업 시간에 발표를 잘하고 싶은 학생까지 모두에게 두루 유용한 실천서다. 자신에게 도움이 될 만한 항목을 '할 일 목록(To do list)'으로 따로 정리해 실천해보기를 권한다.

이윤경

옮긴이 **이윤경**

서울 출생. 이화여자대학교를 졸업하고 삼성전자에서 브랜드 마케팅을 담당했다. 바른 번역 글밥아카데미 일본어 출판번역과정을 수료하고 서울외국어대학원대학교 통번역 대학원을 졸업했다. 우리나라와 닮은 듯 다른 나라가 일본이지만, 언어와 문화는 다를 지라도 진심은 통한다고 믿으며 원작의 감동에 독자의 마음이 촉촉해지는 순간을 꿈 꾼다. 현재 소통인(人)공감에이전시에서도 번역가로 활동중이다. 옮긴 책으로《천재 아라키의 애정사진》《하느님과의 대화》《천국으로의 이사》등이 있다.

말솜씨가 훌륭하지 않아도

초판 1쇄 발행 | 2017년 6월 30일

지은이 | 와타세 겐
옮긴이 | 이윤경
펴낸이 | 임현석

펴낸곳 | 지금이책
주소 | 경기도 고양시 일산서구 킨텍스로 410
전화 | 070-8229-3755
팩스 | 0303-3130-3753
이메일 | now_book@naver.com
홈페이지 | www.지금이책.com
등록 | 제2015-000174호

ISBN | 979-11-959937-5-8 (03190)

이 도서의 국립중앙도서관 출판예정도서목록(CIP)은 서지정보유통지원시스템 홈 페이지(http://seoji.nl.go.kr)와 국가자료공동목록시스템(http://www.nl.go.kr/ kolisnet)에서 이용하실 수 있습니다.(CIP제어번호: CIP2017013392)